Françoise Bougeard

DICTIONNAIRE DE POCHE HONGROIS-FRANÇAIS & FRANÇAIS-HONGROIS

MAGYAR-FRANCIA / FRANCIA-MAGYAR ZSEBSZÓTÁR

Yoran Embanner
2006

Remerciements à
Mireille Robin, Claude Boissière, Jean-Noël Le Doaré, Divi Kervella

ISBN 2-914855-30-3
EAN 9782914855303

Yoran Embanner, 71 hent Mespiolet
29170 Fouenant (Breizh)

Quelques mots sur la langue hongroise

Le hongrois appartient à la famille des langues finno-ougriennes au même titre que le finnois ou l'estonien.

Il s'agit d'une langue dite "agglutinante" en ce sens que les mots se forment selon un principe de composition qui veut que les affixes, déterminants et autres attributs du nom par exemple viennent se souder au radical de celui-ci. Voici deux petits exemples de ce que cela peut donner : **ház*am*ban** = dans ma maison ; **egészség*ed*re** = à ta santé.

Ce principe d'agglutination s'applique également aux adjectifs.

Le système verbal du hongrois est peu développé, il présente peu de temps et peu de formes, mais il se complète en revanche par un ensemble de particules appelées *préverbes* : le, meg, ki, el, fel... qui joue un grand rôle et transforme parfois le sens du verbe.

Exemple : Menni = aller. **Ki**menni = sortir. **Le**menni = descendre.

L'une des difficultés majeures de la langue hongroise est qu'elle possède un double système de conjugaison : une conjugaison objective qui s'emploie lorsque l'objet auquel il est fait référence est déterminé, et une conjugaison subjective lorsque l'objet n'est pas considéré comme déterminé. Un troisième type de conjugaison concerne les verbes (intransitifs) dont la troisième personne du singulier se termine en **ik**.

Il est important de noter que l'ordre des mots de la phrase hongroise est très souple et que derrière cette grande souplesse se cachent une infinité de nuances au niveau du sens même de la phrase.

Petit guide de prononciation du hongrois

Quelques remarques essentielles.

• L'alphabet hongrois comprend 40 lettres, certaines n'étant utilisées que pour retranscrire des mots d'origine étrangère elles sont ici placées entre parenthèses :

a, á, b, c, cs, d, dz, dzs, e, é, f, g, gy, h, i, í, j, k, l, ly, m, n, ny, o, ó, ö, ő, p, (q), r, s, t, ty, u, ú, ü, ű, v, (w, x, y), z, zs

• En hongrois toutes les lettres se prononcent et s'entendent.

• Toute consonne redoublée est clairement prononcée.

• L'accent tonique est placé sur la première syllabe du mot. Le hongrois étant une *langue agglutinante*, il existe souvent plusieurs accents internes secondaires qui découlent de la composition même du mot auquel viennent encore se "coller" suffixes et désinences.

• L'accent simple ou redoublé placé au-dessus d'une voyelle allonge la durée de celle-ci. Attention il ne s'agit pas-là d'une simple fioriture, le sens du mot en question peut changer du tout au tout !

• La langue hongroise observe le principe de *l'harmonie vocalique*, à savoir que toutes les voyelles d'un même mot s'alignent et prennent la même coloration, claire (e; é; i; ö; ő; ü; ű) ou sombre (a; á; o; ó; u; ú), suivant l'appellation convenue :

Exemple : le mot "noir" = Fekete (fèkètè) ou encore le nom de cette localité : Dunaalmás ('douna'almàche).

Le système vocalique hongrois comporte 14 éléments :

Liste des voyelles sombres :

Brèves :

a = ph**o**que

o = vél**o**

u = c**ou**

Longues :

á = f**a**r (breton) ou autoc**a**r

ó = p**ô**le

ú =dét**ou**r

Liste des voyelles dites claires :

Brèves :

e = p**è**p**è**tes

i = s**i**te

ö = cr**eu**x

ü = f**u**tée

Longues :

é = soign**er**

í = c**i**re

ő = des bœufs ou des **oeu**fs
ű = cure ou hure

Le système consonantique :

Il comprend davantage de signes qu'en français à cause de quelques particularités sans grandes difficultés

c = **ts**oin **ts**oin
cs = **tch**in **tch**in
gy = a**di**eu
j et **ly** = nou**ill**e
ny = a**gn**eau
s = **ch**ose
sz = **s**el
zs – **j**acquette

Lorsque ces consonnes sont redoublées, au niveau graphique seule la première lettre est retranscrite : **CS** devient alors **CCS,** ou encore **NY** = **NNY**. Il est bon de garder à l'esprit que le redoublement s'entend et provoque alors un effet d'allongement de la sonorité.

La durée et l'alternance des syllabes courtes et longues est donc, encore une fois, un des éléments fondamentaux de la prononciation du hongrois.

A

a (mi) -unk, -ünk *névm* notre; **-(j)aink, -(j)eink** nos
a (te) -id, -idban, -odban *névm* tes; à ~; dans ~
a (ti) -tok,-tek, -tök *névm* votre
a miénk *névm* nôtre *poss*; le ~ la ~; **a mieink** les ~s
a tietek, a tieitek *névm* vôtre; le/la ~; les ~s
a, az, azok *hat. névelő* la; le; les **január 20-án** le 20 janvier
abban az időben *hat* lors; **azóta dès ~; alkalmával, idejében** ~ de
abban, ebben, be, bele *hat* là-dedans
ablak *fn* fenêtre *f*
ablaküveg, üveglap *fn* vitre *f*
acél *fn* acier *m*
adag *fn* dose *f*
adás, kibocsátás *fn* émission *f*
adni *i* donner
adó *fn* impôts *tbsz*
adóilleték *fn* taxe *f*
adósság, tartozás *fn* dette *f*
afelett, efelett *hat* là-dessus
Afrika *tn* Afrique *f*
ág, szak *fn* branche *f*
aggály *fn* crainte *f*
aggályos, ijedős, félő *mn* inquiet
aggodalom, szorongás *fn* angoisse *f*
agy *fn* cerveau *m*
ágy *fn* lit *m*
agyag *fn* argile *f*
ágyú *fn* canon *m*
ahol, hová? hova? *hat* où

ajak *fn* lèvre *f*
ajándék *fn* cadeau *m*; **ajándékozni** faire un ~
ajánlani *i* recommander
ajánlat *fn* offre *f*
ajtó *fn* porte *f*; **csukja be az ajtót! távozzon!** la ~!
akadály *fn* obstacle *m*
akarat *fn* volonté *f*
akarni *i* vouloir; **akarom csinálni** je veux (faire); **szeretnék vmi/vki lenni** je voudrais être; **ez azt jelenti** cela veut dire; **vágyni vmire** en ~
akasztani, lógni, csüngeni *i* pendre
akkor, ekkor, holott, noha *hat* alors
aktualitás, hírek, (TV)hiradó *fn* actualités *f*
aláírás *fn* signature *f*
aláírni *i* signer
alakítás, elkészítés, kivitelezés *fn* façon *f*; **végül is** de toutes ~s
alamizsna *fn* aumône *f*
álarc *fn* masque *m*
alatt, alá *el* sous; **rövidesen, hamarosan, nemsokára** ~ peu
alkalmatlankodni *i* déranger
alkalmazott *fn* employé *m*
alkalom *fn* occasion *f*; **vminek az ~mával** à l'~ de; **vkinek alkalma van rá** d'~; avoir l'~ (de),
alkohol *fn* alcool *m*
alkonyat, szürkület *fn* crépuscule *m*
alkotás, mű, szerzemény *fn* œuvre *f*
alkotni *i* créer
áll *fn* menton *m*
állandóan *hat* constamment
állapot, körülmény *fn* condition *f* **feltétel** *(clause)*; **helyzet** *(situation)*

állapotos *mn* enceinte
állat *fn* animal *m* bête *f*
állatorvos *fn* vétérinaire *m*
állítani, (fel~/le~/oda~) ~helyezni, ~rakni, ~tenni *i* poser; **feltenni egy kérdést** ~ une question; **leszállni** se ~ *(avion)*
állkapocs *fn* mâchoire *f*
álló, állva *hat* debout
állomás, pihenő *fn* halte *f*
alma *fn* pomme *f*; **burgonya**, ~ de terre
almabor *fn* cidre *m*
álmodni *i* rêver; **ábrándozni**
álom *fn* rêve *m*
alsónadrág *fn* caleçon, slip *m*
alsóruha *fn* sous-vêtement *m*
általános, egyetemes *mn* général; **általában** en ~
altatni *i* endormir; elaludni **s'~**
altest *fn* bas-ventre *m*
aludni *i* dormir
alul, alája, lent *hat* dessous
alvás *fn* sommeil *m*; **álmosnak lenni** avoir ~
Amerika *tn* Amérique *f*
amerikai *fn/mn* américain(e) *m/f*
ami (engem illet) *el* quant ~ à
amikor, midőn, ha *konj* lorsque
andalogni, kószálni *i* flâner
Anglia *tn* Angleterre *f*, Grande-Bretagne *f*
angol *fn/mn* anglais *m/f*
angolna *fn* anguille *f*
angyal *fn* ange *m*
antenna, csáp *fn* antenne *f*
anya, (szülő~) *fn* mère *f*
anyag *fn* matière *f*

anyai *mn* maternel(-elle); **óvoda** maternelle
annyira *hat* tellement
anyós *fn* belle-mère *f*
apa *fn* père *m*, papa *m*
após és anyós *fn* beaux-parents *tbsz*
após *fn* beau-père *m*
április *fn* avril *m*
ár, díj, érték *fn* prix *m*
áram *fn* courant *m*; **ár/áramlat** cours d'eau, **folyóvíz** eau courante; **villamos áram** courant électrique; **léghuzat** courant d'air; **tudomásom van róla** je suis au courant
áramlás *fn* circulation *f*
arany *fn* or *m*
árapály *fn* marée *f*; **apály** ~ basse, **dagály** ~ haute
aratás, termés *fn* moisson *f*
árboc *fn* mât *m*
arc(ulat) *fn* visage *m*
arcfintor *fn* grimace *f*
arckifejezés, külszín *fn* air *m*
arculat, felület, homlokzat, oldal *fn* face *f*; **szemben** en ~ (de)
árny, árnyék *fn* ombre *f*
árok *fn* fossé *m*
árokpart, töltés *fn* talus *m*
ártani *i* nuire
articsóka *fn* artichaud *m*
áru *fn* marchandise *f*
árúcikk *fn* article *m*
árvíz *fn* inondation *f*
ásítani *i* bâiller
ásni *i* creuser
asszony *fn* dame *f* **dáma** *(kártya)*

asszonyom *fn* madame *f*
asztal *fn* table *f*; **asztalhoz ülni** se mettre à ~; **asztalnál ülni** être à ~; **megteríteni** mettre la ~
asztalos *fn* menuisier *m*
át *(időtartam) el* durant **tíz éven át** durant dix années
átdolgozni, reprodukálni *i* refaire
átjáró, köz, átutazás *fn* passage *m*
átlag *fn* moyen *m*
Atlanti-óceán *tn* Atlantique *m*
átlépni vmin *i* franchir
atléta *fn* athlète *m*
atyai *mn* paternel (-elle)
augusztus *fn* août *m*
autó *fn* voiture *f*; car *m*
autóbusz *fn* bus *m*
autóstop *fn* auto-stop *m*
autóút, autósztráda *fn* autoroute *f*
autóvezető *fn* chauffeur *m*
avégből *hat* afin de
az én.. *névm* ma; mon; mes; **az enyémben** dans ~
az enyém *névm* (le ~/la ~), mien(ne); **enyéim, a hozzátartozóim** (les) ~
az ott *névm* cela; **mint az (azt)** comme ~
az, ez, a/az *melléknévi mutató névm* ce cet, cette **ezek az, azok az** ces; **aki** ce qui; **ami / amit** ce que
az, ez, azok, ezek, ő, ők *névm* celui *m*, ceux *m tbsz*, celle *f*, celles *f tbsz*; **ez, az, amaz** ~-ci /~-là; **ez az alma** cette pomme-ci; **az az alma** cette pomme-là; **ott az az alma** cette pomme (là-bas)
azalatt, ezalatt *hat* là-dessous
azért *hat* afin

azért hogy *hat* afin que
azonban, mégis, de *hat* toutefois
azonos *mn* pareil
ázott, nedves, vizes *mn* mouillé
Ázsia *tn* Asie *f*
aztán *hat* puis

B

-ba, -be -ban, -ben -re, -ból, -ből, -va, -ve, -ván, -vén *el* en; **evés közben jön meg az étvágy** l'appétit vient en mangeant
-ba, -be *(hely/ helyzet)*; *(hely/irányváltoztatás)* **-bol, -böl, -ból, -ből** *el* à
bab *fn* haricot *m*; **zöldbab** ~s verts
baba, báb *fn* poupée *f*
bagoly *fn* hibou *m*, chouette *f (Strigidae)*; **ez igen! nagyszerü!** chouette!
baj, betegség, kór *fn* mal *m*; **nehéz elhinnem** j'ai du ~ à croire; **fejfájás** ~ de tête
báj, kecsesség, kedvesség, bocsánat, kegy *fn* grâce *f*; **vminek, vkinek köszönhető** ~ à
bajnok *fn* champion *m*
bajnokság *fn* championnat *m*
bajtárs *fn* camarade *m*
bajusz *fn* moustache *f*
baktérium, bacilus *fn* microbe *m*
bal, ügyetlen *mn* gauche *a*; **baloldal** à ~
baleset *fn* accident *m*
ballada *fn* ballade *f*
bálna *fn* baleine *f*
baloldal *fn* bâbord *m*

bámulatos *mn* étonnant
-ban, -ben, között, közé, múlva *el* dans; **két hónap múlva** dans deux mois
banán *fn* banane *f*
bank *fn* banque *f*
bánya, akna *fn* mine *f*
bár *fn* bar *m*
bárány *fn* agneau *m*
barát *fn* ami *m*
barátság *fn* amitié *f*
bárd *fn* barde *m*
barkácsolni *i* bricoler
barlang *fn* grotte *f*
barom, (lábas)jószág *fn* bétail *m*
bátor *mn* courageux
bátorság *fn* courage *m*
becsület *fn* honneur *m*
becsületes *mn* honnête
befejezett, kész *mn* fini
befejezni, elvégezni vmit *i* terminer; se ~; finir
befőtt *fn* compote *f*
begombolni *i* boutonner
behatolni, bemenni *i* pénétrer
behozni, bevinni vmit vmibe *i* importer; **értelmetlen (beszéd / dolog)!**, n'importe!, **bármi, akármi** n'importe quoi
beiktatni, feljegyezni, bejegyezni, beírni *i* inscrire; **be/feliratkozni** s'~
bejelentés, kihirdetés *fn* annonce *f*
béka *fn* grenouille *f*
béke *fn* paix *f*
bél *fn* boyau *m f*, intestin *m*
belemártani, belemerülni, lebukni, elmeríteni,

belemélyedni *i* plonger
belépni, behatolni *i* entrer, **lépjen be!** entrez!
belevinni vmit/vkit vmibe *i* entraîner; **trenírozni, begyakorolni** s'~
belső intérieur *m*
beltenger, tengeröböl, öböl *fn* golfe *m*
bemenet *fn* entrée *f*; **bejárat**; **előétel**
bemutatkozás, benyújtás *fn* présentation *f*
bemutatni, benyújtani *i* présenter
benne *hat* dedans
benzin, illatszer *fn* essence *f*
berakodni, behajózni *i* embarquer, **belekeveredni vmibe** s'~
bérbeadás, bérbevétel, bérlet *fn* location *f*
bérelni, feldicsérni *i* louer; **kibérelni** *(házat)*
beszéd *fn* parole *f*
beszédstílus, nyelv *fn* langage *m*
beszélgetni *i* causer
beszélni, szólni *i* parler
beszerelni, beruházni, helyezni, beültetni *i* installer
beteg *mn/fn* malade *m*; **megbetegedni** tomber ~
betegápoló *fn* infirmier *m*
betegség *fn* maladie *f*
beton *fn* béton *m*
betorkollni *i* déboucher; **kijutni vhová** ~sur
betűzni *i* épeler
bevallani *i* avouer
bevégezni *i* achever
beverni, be-(le-)ütni *i* cogner
bevétel, recept *fn* recette *f*
bezárni *i* enfermer
bika *fn* taureau *m*

billentyűzet *fn* clavier *m*
biológiai *mn* biologique
bírálni, kifogásolni *i* critiquer
birka, juh *fn* mouton *m*, brebis *m*
birkózás *fn* lutte *f*
bíró *fn* juge *m*
bírság (pénz~) *fn* amende *f*
birni vmit (van neki) *i* avoir
birtokolni *i* posséder
bizalom *fn* confiance *f*
bizonyára *hat* certainement
bizonyítani, (be~) *i* prouver
bizonyíték, igazolás *fn* preuve *f*
bizonyítvány *fn* certificat *m*
biztatni, bátorítani *i* encourager
biztonság *fn* sécurité *f (szerviz / berendezés)*, sûreté *f (helyzet)*
biztos, bizonyos *mn* certain
biztosan *hat* sûrement
biztositás *fn* assurance *f*
bocsánat *fn* pardon *m*
bogáncs *fn* chardon *m*
bohóc *fn* clown *m*
bója *fn* bouée *f*
bók, gratuláció *fn* compliment *m*
boka *fn* cheville *f*
bokor *fn* buisson *m*
-ból *el* moins; **legalább** au ~
bölcs, okos *fn/mn* sage
bölcsesség *fn* sagesse *f*
bölcső *fn* berceau *m*
bölcsőde *fn* crèche *f*; **óvoda, napközi otthon** garderie

boldog *mn* heureux, ravi
boldogság *fn* bonheur *m*
boldogtalan, szerencsétlen *mn* malheureux
bolha *fn* puce *f*; **bolhapiac** marché aux ~s
bolt *fn* boutique *f*
bolygó *fn* planète *f*
bomba *fn* bombe *f*
bombázás *fn* bombardement *m*
bonyolult *mn* compliqué
bor *fn* vin *m*
bordaszelet *fn* côtelette *f*
boríték *fn* enveloppe *f*
borjú *fn* veau *m*
borotva *fn* rasoir *m*
borotválni, (le~) *i* raser; **borotválkozni** se ~ *(barbe)*
borravaló *fn* pourboire *m*
bors *fn* poivre *m*
borsó *fn* pois *m*; **zöldborsó** petits ~
borz *fn* blaireau *m*
börtön, fogház *fn* prison *f*
bőr *fn* cuir *m*, peau *f (pld. arcbőr)*
bőrönd *fn* valise *f*
bőrviszketegség *fn* démangeaison *f*
bőséges *mn* abondant
bosszantani *i* embêter
bot *fn* bâton *m*
Bretagne *tn* Bretagne *f*
breton síp *fn* bombarde *f*
breton tündér, szellem *(kicsi és gonosz) fn* korrigan *m*
breton zenekar *fn* bagad *m*
breton, bretagne-i *mn* breton

buborék *fn* bulle *f*
buggyanni, kilobbanni, előbukkanni, felfakadni *i* jaillir
bunkó, fajankó *fn* con *m*; conne *f*
butácska, bárgyú *mn* bête
butaság *fn* bêtise *f*
búcsújárás *fn* pèlerinage *m*
bútor *fn* meubles *tbsz*
búza *fn* blé *m*, froment *m*, **hajdina** ~ noir
bükk(fa) *fn* hêtre *m*
büszke *mn* fier
büszkeség *fn* fierté *f*
bűn, vétek *fn* péché *m*
bűncselekmény *fn* crime *m*
bűnös *mn* coupable
bűnöző *fn* criminel *m*
bűzleni *i* puer; **büdös (van)** ça pue

C, CS

cápa *fn* requin *m*
cél *fn* but *m*
célszerű, eljárás, művelet *mn* pratique
cement *fn* ciment *m*
cent (fillér) *fn* centime *m*
centiméter *fn* centimètre *m*
ceruza *fn* crayon *m*
ceruzabél, grafit *fn* mine *f (crayon)*
cigaretta *fn* cigarette *f*
cim(zés), ügyesség *fn* adresse *f*
cím, okirat *fn* titre *m*
címke, cédula *fn* étiquette *f*

cipő *fn* chaussure *f*
cipőkenőcs *fn* cirage *m*
cipőtalp, talp *fn* semelle *f*
cirkusz *fn* cirque *m*
citrom *fn* citron *m*
civilizáció *fn* civilisation *f*
comb *fn* cuisse *f*
család *fn* famille *f*
csalás *fn* tricherie *f*
csalni *i* tricher
csalódás *fn* déception *f*
csap *fn* robinet *m*
csapás, összeomlás *fn* désastre *m*
csapat, brigád *fn* équipe *f*
csapszeg *fn* cheville *f*
csarnok *fn* halles *fpl*
csata *fn* bataille *f*
csatolni, mellékelni *i* joindre; **felhivni, kapcsolni**
csatorna, kanális *fn* canal *m*
csattanni *i* claquer; **becsapódni** *(ajtó)*
csavar *fn* vis *f*
csavarhúzó *fn* tournevis *m*
csecsemő *fn* bébé *m*, nourrisson *m*
csekk *fn* chèque *m*
cselédnő *fn* bonne *f*
cselekedet, cselekmény *fn (jog)* **okirat, okmány**; *(szinh.)* **felvonás** acte *m*
cselekedni *i* agir
csemege, nyalánkság *fn* friandise *f*
csend *fn* silence *m*
csendőr, zsandár *fn* gendarme *m*
csendes *mn* calme

csengetni, csendülni, csörögni *i* sonner
csepp, köszvény *fn* goutte *f*
csere *fn* échange *m*; **cserében** en échange
cserélni *i* échanger; **(el~/be~)cserélni** (vmi ellenében)
cserép *fn* pot *m*
cserépáru, agyagárú, agyagedény *fn* poterie *f*
cseresznye *fn* cerise *f*
csésze, bögre *fn* tasse *f*, bol *m*
csevegni *i* bavarder
csiga *fn* escargot *m*
csiklandozni *i* chatouiller
csikorogni, nyikorogni *i* grincer; *(dents)*
csillag *fn* astre *m*, *fn* étoile *f* **sztár**
csillogó *mn* brillant
csinálni, tenni vmit *i* faire; **meleg van** il fait chaud
csinos, bájos *mn* joli
csinosság *fn* charme *m*
csípő *fn* hanche *f*
csipke *fn* dentelle *f*
csípni *i* pincer
csíra *fn* germe *m*
csirke *fn* poulet *m*
csiszolt, udvarias, sima *mn* poli
csitt!, pszt! *fel* chut!
csizma *fn* bottes *tbsz*
csodálni (meg) *i* admirer
csók *fn* baiser *m*, **megcsókolni** donner un ~
cső *(hajlékony) fn* tuyau *m*
cső, tubus *fn* tube *m*
csökkenés *fn* baisse *f*, **árcsökkenés** ~ du prix
csökkent képességű (szellemi, mozgás) *mn*

handicapé **mozgásképtelenek** les ~s
csökkenteni *i* baisser, diminuer
csokoládé *fn* chocolat *m*
csokor *fn* bouquet *m*
csomag *fn* bagage *m*, colis *m*, paquet *m*
csomagolás *fn* emballage *m*
csomó, kötés, görcs *fn* nœud *m*
csónak *fn* canot *m*
csont *fn* os *m*
csoport *fn* groupe *m*; **vércsoport** ~ sanguin
csőr *fn* bec *m*
csúcs *fn* pointe *f*, **hegy/facsúcs** cime *f*
csúf *mn* vilain
csuklás *fn* hoquet *m*
csúszni (el~ /meg~), elsuhanni, elsiklani *i* glisser
csütörtök *fn* jeudi *m*
cukor *fn* sucre *m*
cukorka *fn* bonbon *m*
cukrászda, cukrászmesterség *fn* pâtisserie *f*
cukros, édes *mn* sucré

D

dal *fn* chant *m*
dalolni *i* chanter
darab, falat *fn* morceau *m*
darab, szoba, helyiség, okmány, érme *fn* pièce *f*
darázs *fn* guêpe *f*
dátum *fn* date *f*; **fogyasztási határidő** date limite
december *fn* décembre *m*

dél *fn* midi *m (12h)*
dél *fn* sud *m*
delfin *fn* dauphin *m (zool)*
délkelet *fn* sud-est *m*
délnyugat *fn* sud-ouest *m*
délután *fn* après-midi *m/f*
demokrata *mn/fn* démocrate *m*
denevér *fn* chauve-souris *f*
dér, **gél** gelée *f*
deszka, palló, lap *fn* planche *f*; **szörf** ~ à voile
diák, egyetemista *fn* étudiant *m*
dicsekedni *i* vanter; **hencegni** se ~
dideregni *i* grelotter
dimenzió *fn* dimension *f*
dió *fn* noix *f*
direkt *hat* exprès]; **akarattal tenni vmit** faire ~
díszíteni, felékesíteni vmivel *i* orner
díszmenet *fn* cortège *m*
disznó *fn* cochon *m*
dísztök *fn* citrouille *f*
dívány *fn* canapé *m*
divat *fn* mode *f*
dob, henger *fn* tambour *m f*
dobni, (el~)hajítani szórni, (oda~/rá~)vetni, taszítani *i* jeter
doboz *fn* boîte *f* **mulató (éjjeli)** ~ de nuit
dohány *fn* tabac *m*
dohányos, dohányzó *fn* fumeur *m*
doktor, **orvos** *fn* docteur *m*
dolgozni *i* travailler
dolgozó, munkás *fn* travailleur *m*
dolmen, kőasztal *fn* dolmen *m*
dolog *fn* chose *f*

dőlni, (ki)hajolni *i* pencher, **megdőlni** se ~
domb *fn* colline *f*
dörzsölni *i* frotter
drága *mn* cher
druidizmus *fn* druidisme *f*
dübörgés *fn* tonnerre *m*; **mennydörgés** coup de ~
duda *(breton) fn* biniou *m*, cornemuse *f*
dugó *fn* bouchon *m*
dugóhúzó *fn* tire-bouchon *m*
düh, veszettség *fn* rage *f*
dühös *mn* furieux; **bősz** il est ~
dunyha *fn* couette *f*
duzzogni *i* bouder
dűlő *fn* lisier *m*
dűlőút, ösvény *fn* sentier *m*

E

ebéd *fn* déjeuner *m*; **reggeli** petit ~; **reggelizni** prendre le petit ~
ébredés *fn* réveil *m*
ecet *fn* vinaigre *m*
eddig, addig, annyira, ennyire *el/konj* jusque **valameddig** jusqu'à…
edény (cső~), hajó *fn* vaisseau *m*; **ér** *(sang)*
edény *fn* vaisselle *f*; **elmosogatni** laver la ~
édes, szelíd *mn/fn* doux *m*, douce *f*, **enyhe idő** temps doux
edző, tréner *fn* entraîneur *m*
ég *fn* ciel *m*; **menny** cieux
égő, izzó *fn* ampoule *f*
egér *fn* souris *f*

egész, teljes, ép *mn* entier; **egészében** en ~
egészség *fn* santé *f*; **egészséges** en bonne ~; **egészségére!** à votre ~!!
egészséges *mn* sain
éghajlat *fn* climat *m*
égni, csípni *i* brûler
egy *névm/szn* un, une; **ez és az** l'~ et l'autre; **ez vagy az** l'~e ou l'autre; **egyenként** ~ par ~
egy(ik) sem, semmiféle, senki *névm/mn* aucun(e)
egyedül(i) *mn* seul; **egyedül én** moi-~; **egyetlen egyszer** la ~e fois; **egyetlen egyszer** une ~e fois
egyenlő *mn* égal; **azonos vmivel** égal à..; **nekem mindegy** ça m'est égal
egyensúly *fn* équilibre *m*
egyesíteni, összetenni, összeállítani, egybefoglalni *i* réunir
egyesülés, gyűlés, összejövetel *fn* réunion *f*
Egyesült Államok *tn* États-Unis *tbsz*
egyetem *fn* université *f*
egyetértés, összhang *fn* accord *m*; **egyetérteni (vmivel)** être d'accord
egyezmény *fn* accord *m*
egyházi ének, dicséret *fn* cantique *m*
egyházi rend *fn* clergé *m*
egykor, hajdan, valaha, egyszer *hat* jadis
egylet *fn* cercle *m*
egység, csapat *fn* unité *f*
egyszerű *mn* simple
együtt *hat* ensemble
éhínség, ínség *fn* famine *f*
éhség *fn* faim *f*
éjfél *fn* minuit *m*

éjjeli *mn* nocturne
ejnye! zut! *int*
éjszaka, éj *fn* nuit *f*
ejtőernyő *fn* parachute *m*
eke *fn* charrue *f*
ékszer *fn* bijou *m*
ékszerüzlet, ékszerek *fn* joaillerie *f*
él *fn* arête *f*
eladás, árusítás *fn* vente *f*
eladni vmit, árusítani *i* vendre
eladó, elárusító, árus *fn* vendeur *m*
elájulni *i* évanouir; s'~
elárulni vkit *i* trahir
elbeszélés *fn* récit *m*
elbeszélni, előadni, mesélni *i* raconter
elbocsátás, szabadság *fn* congé *m*; **iskolaszünet** ~s scolaires
elcsábítani vkit, megigézni *i* séduire
elé *hat* devant
elég, (eléggé) *hat* assez
elegáns, választékos *mn* élégant
elégedetlen *mn* mécontent
elégedett *mn* content
elégedettség *fn* aise *f*
elejteni, elengedni *i* lâcher; **abbahagyni** ~ prise
elektromosság, villany *fn* électricité *f*
elektronikus *mn* électronique
élelem *fn* vivres *mpl*
elem, ténykörülmény *fn* élément *m*
elérhetőség *hat* abord **d'~** először is
elérni (utol~) *i* atteindre;
el(~fogni/~kapni) *i* attraper
élet *fn* vie *f*

életkor *fn* âge *m*
életmentő *fn* sauveteur *m*
életrend *fn* régime *m*; **diéta**
élettárs, **vadházas** *fn* concubin *m*, concubine *f*
elfogadni *i* accepter
elfoglalni, megszállni *i* occuper
elfogni (meg~) *i* capturer
elhagyni vkit vmit *i* quitter, abandonner
elhajlítani, elcsavarni, sodorni *i* tordre; **kicsavarni** *(linge)*
elhallgatni vmit *i* taire (se ~), **hallgass**! tais-toi!
elhasználni, elkoptatni *i* user; **felörlődni** s'~
elhatározni vmit *i* décider; **eltőkélt(nek lenni) vmire** être ~é
elhelyezni, tenni (rá~/fel~/be~/oda~), rakni, helyezni vmit vhová, elrendezni *i* placer
elítélni *i* condamner
elkedvetleníteni *i* décourager; **letörni**, **elrettenni, elcsüggedni** se décourager
elképzelés, eszme, fogalom, gondolat *fn* idée *f*
elképzelés, **fantázia** *fn* fantaisie *f*
elkölteni *i* dépenser
elküldeni, feladni, elhajítani vmit *i* envoyer
ellátni vmivel, adni, tenni *i* fournir
ellen *el* contre
ellenőrizni, felülvizsgálni vmit *i* vérifier
ellenőrzés *fn* contrôle *m*
ellenállás, ellenállóképesség, vonakodás *fn* résistance *f*
ellenére (vkinek) *el* malgré
ellenfél *fn* adversaire *m*
ellenség *fn* ennemi *m*
ellenszer, orvosság *fn* remède *m*

ellentét, **ellenkező** *mn* contraire **ellenkezőleg** au ~
elme, **szellemesség** *fn* esprit *m*
elmélkedni, gondolkodni *i* réfléchir
elmenni, eltávozni *i* partir; **vmitől kezdve** à ~ (de)
elmeríteni, **(vízbe)fojtani, elárasztani** *i* noyer, **vízbefúlni** se ~
elnagyolni *i* bâcler
élni *i* vivre
elnök *fn* président *m*
elnyerni, kivívni *i* obtenir
eloltani *i* éteindre
élő *mn* vivant
előadás *fn* cours *m* **óra** *(leçon)*; **árfolyam** *(taux)*; **vízfolyás** ~ d'eau *f*; **alatt**, **közben** au ~ (de)
előétel *fn* hors-d'œuvre *m*
előhívni *(foto)* *i* développer
előny *fn* avance *f*; **előre** à l'~
előnyben részesiteni, jobban szeretni vmit vminél *i* préférer; **többre tart vmit vminél** il préfère
előtt *hat* avant
elpirulni *i* rougir
elpusztítani *i* détruire
elrendezni *i* arranger
első *szn* premier
elsorvadni, elhalni *i* dépérir
elszállítani, **küldeni** *i* expédier
elszenvedni vmit *i* subir
eltartani *(időtartam)* *i* durer
eltávolítani *i* supprimer
eltávolitani vmit vmitöl *i* éloigner; **eltávolódni**

s'~ (de)
eltenni, lefoglalni, fenntartani vmit *i* réserver
eltérés *fn* écart *m*; **elkülönitve** à l'~
eltévedt, elveszett, félreeső, menthetetlen *mn* perdu
eltéveszteni, elhibázni *i* rater
elutasítani, el~/kivetni *i* rejeter
elutasítás, megtagadás *fn* refus *m*
elválás, különválás *fn* divorce *m*
elválasztani, leszakítani *i* décoller; *(repülő)* **felszállni**
elvégre *konj* car
elvenni *i* enlever; **elrabolni vkit** *(kidnapper)*
elveszíteni *i* perdre
élvezetes, finom *mn* délicieux
elvezetni, elvinni *i* emmener
élvezhető, iható *mn* potable
elvinni, elsodorni, elragadni *i* emporter; **felbőszülni** s'~
elzárni *i* barrer
e-mail *fn* courriel *m*
ember *fn* homme *m*; **férfi** *(masculin)*
emberek, tömeg *fn* gens *m tbsz*
emberi, emberies *mn* humain; être ~
emberiség *fn* humanité *f*
emberke *fn* bonhomme *m*
emelés, drágítás *fn* hausse *f*
emelet *fn* étage *m*
emelkedni, összeszerelni vmit *i* monter *v*; **megmászni, felhúzni** (kesztyűt); **lóra szállni**
emelni, (fel)vonni *i* lever, **felkelni** se ~
émelygés, undor, hányinger *fn* nausée *f*
emészteni, (meg~) *i* digérer

emlő, mell *fn* sein *m*
emlős *fn* mammifère *m*
emlék *fn* souvenir (se) *m*
emlékezés, tanulmány *fn* mémoire *f*; **emlékmű** *fn* monument *m*
említeni, hívni, előhozni *i* rappeler; **emlékezni vmire** se ~ (de)
emse, koca *fn* truie *f*
én *névm* moi; **én magam** ~-même; je
endivia, salátakatáng *fn* endive *f* *(Cichorium endivia)*
ének *fn* chanson *f*
énekes *fn* chanteur *m*
energia *fn* énergie *f*
engedelmeskedni *i* obéir
engedély *fn* permis *m*
engedetlen *mn* désobéissant
engedni (el~) *i* céder
engem *névm* me
enni, étkezni *i* manger
ennyi, annyi, úgy *hat* tant;**szerencsére! annál jobb** ~ mieux; **sebaj!** ~ pis,; **ameddig** ~ que
enyelegni *i* flirter
enyhíteni, könnyíteni *i* soulager
epekő *fn* calcul *m (orv)*
eper *fn* fraise *f*
építeni (fel~/be~) *i* bâtir
építészet, építőművészet *fn* architecture *f*
építkezés, szerkesztés *fn* construction *f*
építmény *fn* édifice *m*
épület, nagy tengeri hajó *fn* bâtiment *m*
erdő *fn* forêt *f*
érdekes *mn* intéressant

érdes, durva, zord, fanyar *mn* âpre
erdetű, születésű *mn* natif
eredet, származás *fn* origine *f*
eredmény *fn* résultat *m*
erélyes, energikus, tetterős *mn* énergique
érett, fejlett *mn* mûr
érettségi *fn* baccalauréat *m*
érezni, szagolni *i* sentir; **jól ~/rosszúl érezni (magát)** se ~ (bien / mal)
erikafa *fn* bruyère *f (Erica)*
érinteni, tapintani *i* toucher
érintés, kontaktus *fn* contact *m*; **kapcsolatba lépni vmivel, vkivel** entrer en ~ (avec)
érintetlen, szűz *fn* vierge *f*
erkély *fn* balcon *m*
érme, érem, pénz, pénznem *fn* monnaie *f*
érni vmit, felérni vmivel, méltónak lenni vmire *i* valoir; **jobb lesz ha (elindulunk)** il vaut mieux (partir)
érni, megérni *i* mûrir *(gyümölcs)*
erotikus *mn* érotique
erő *fn* force *f*
erőfeszítés *fn* effort *m*
erőmű(telep) *fn* centrale *f*
erős *mn* **erőd** *fn* fort
erős, szilárd, kemény *mn* ferme
erőszak *fn* violence *f*
erőszakos *mn* violent
-ért, -nak, -nek *el* pour
érték *fn* valeur *f*
értékes *mn* précieux
érteni, felfogni *i* comprendre
értesítés, közlés *fn* communication *f*

(telefon)összeköttetés / beszélgetés
értesülni, megtanulni *i* apprendre
érzék (szerv), elme, értelmezés *fn* sens *m*
érzékeny, érzelmes, érző *mn* sensible
érzés, érzelem *fn* sentiment *m*
és, meg *konj* et
esedékes *mn* échéant; **szükség esetén** le cas échéant
esernyő *fn* parapluie *m*
esés *fn* chute *f*; **(ár)leszállitás, áresés** chute de prix
eset, ok *fn* cas *m*; **abban az esetben** au ~ où; **semmi esetre sem** en aucun ~
esik az eső *i* pleuvoir; il pleut
esni (el~/le~), ledőlni, elbukni *i* tomber; *(pluie, neige)*; *(nuit)*; **ez jól (jókor) jön!** ça tombe bien!
eső *fn* pluie *f*; **szitáló eső** *fn* crachin *m*
est, este *fn* soir *m*; **ma este** ce ~; **tegnap este** hier ~; **este tízkor** 10 heures du ~
estély, (az) este *fn* soirée (la) *f*
esti (közös) tevékenység, őrködés *fn* veillée *f*; **virrasztás, ébrenlét** *fn* veille *f*
észak *fn* nord *m*
északkelet *fn* nord-est *m*
északnyugat *fn* nord-ouest *m*
eszmélet, lelkiismeret *fn* conscience *f*
észrevenni *i* apercevoir
étel, ennivaló, eledel *fn* nourriture *f*, mets *m*, **táplálék** *fn* aliment *m*
étkezés, evés *fn* repas *m*
étlap *fn* menu *m*
étvágy *fn* appétit *m*; **jó étvágyat!** bon ~
étvágygerjesztő (szeszes ital) *fn* apéritif *m*

euro *fn* euro *m*
Europa *tn* Europe *f*
európai européen *m*
év *fn* an, *m* année *f*, **múlt év** l'~ dernière, **jövő év** l'~ prochaine; **boldog újévet!** bonne ~!
evező, szerelvény *fn* rame *f*
evezni *i* ramer, *(farevezővel)* godiller
evidens, kézzelfogható, szemmellátható *mn* évident
évszak, időszak *fn* saison *f*
évszázad *fn* siècle *m*
ez a/az, az a/az *melléknévi mutató névm* ce cet, cette **ezek az, azok az** ces; **aki** ce qui; **ami / amit** ce que
ez, az,ezzel, ilyen módon *mutató névm* ce, c'; **én vagyok (az)** c'est moi
ez, az itt, ide *pron/adv* ça; **elég!** ça suffit!; **se jól se rosszul** comme ci comme ~; **rendben van?** ~ va?
ez, az, ezek, azok, ő, ők *névm* celui *m*, ceux *m tbsz*, celle *f*, celles *f tbsz*; **ez, az, amaz** ~-ci /~-là; **ez az alma** cette pomme-ci; **az az alma** cette pomme-là; **ott az az alma** cette pomme (là-bas)
ez, ez itt *névm* ceci; **mint ez (ezt)** comme ~
ezentúl *hat* désormais
ezer *szn* mille millier *fn m*
ezüst *fn* argent *m*

F

fa *fn* arbre *m*, bois *m*
facipő, pata *fn* sabot *m*

fagy, fagyás *fn* gel *m*
fagyni (le~/meg~/be~/össze~) *i* geler
fahasáb *fn* bûche *f*
faj, törzs *fn* race *f*
fájdalom *fn* douleur *f*
fajgyűlölő *fn/mn* raciste
fajta *(növény, állat) fn* espèce *f*; **készpénzben fizetni** payer en ~
fajta, zsáner, stílus *fn* genre *m*
fakultatív *mn* facultatif
fal *fn* mur *m*
falat *fn* bouchée *f*
falragasz *fn* affiche *f*
falu *fn* village *m*
falusi *mn* rural
fanyar *mn* âcre *(íz)*
fáradt *mn* fatigué
faragni, formálni (szobrot) *i* sculpter
fárasztani *i* fatiguer, **elfáradni** se ~
fárasztó *mn* fatigant
farkas *fn* loup *m*
farok, sor (ember~) *fn* queue *f*
farsang *fn* carnaval *m*
fasor *fn* allée *f*
fax(~gép) *fn* fax *m*
február *fn* février *m*
fecske *fn* hirondelle *f*
fedett, védett *mn* couvert
fedő, fedél *fn* couvercle *m*
fegyver *fn* arme *f*
fehér *mn* blanc
fej, fő *fn* tête *f*
fejdísz, hajviselet *fn* coiffe *f*

fejes saláta *fn* laitue *f*
fejsze, balta, bárd *fn* hache *f*
fejtörő *fn* casse-tête *m*
fék *fn* frein *m*
fekete *mn* noir
fekete ribiszke *fn* cassis *m*
fékezni *i* freiner
feküdni *i* coucher; **lefeküdni** se ~; **elnyúlni** *s'*étendre; **lenyugszik** *(soleil)*
fél (fele vminek) *fn* moitié *f*; *mn* demi
felakasztani *i* accrocher; **kapaszkodni** s'~
félbeszakítani, felbontani, törni (meg~/ fel~/ el~) *i* rompre
feldönteni, felfordítani *i* renverser
felé *el* vers; **körül** *(idő)*
felébredni, megelevenedni *i* éveiller ~
felébreszteni, feléledni *i* réveiller; **felébredni** se ~
felejteni, elfelejteni *i* oublier
felelős, bizalmi *mn* responsable
félelem, ijedtség *fn* peur *f*
félelmetes, rémes, ijesztő *mn* effrayant
felemelni (ki) *i* relever
félénk *mn* craintif
feleség *fn* épouse *f*
felesleges, hiábavaló, szükségtelen *mn* inutile
felett, felül *hat* dessus
felfalni *i* dévorer
felfedezni *i* découvrir; **kitakaródzni** se ~
felfrissíteni, hűteni, üdíteni, felújítani *i* rafraîchir
felfújni, duzzasztani, dagasztani *i* gonfler
felhő *fn* nuage *m*

felhasítani *i* crever; **facsarni** *(szívet)* ~ le cœur
felhatalmazás, engedély *fn* autorisation *f*
felhatalmazni, engedélyezni *i* autoriser
felhívás, értesítés *fn* avis *m*; **szerintem** à mon ~
félidő *fn* mi-temps *m*, **félidőben** à ~
feljegyzés, nevezés, feliratkozás, felvétel *fn* inscription *f*
felkapaszkodni, felmászni, felkúszni *i* grimper
felkeverni, összerázni *i* remuer
felnőtt *mn* adulte
félni vmitől *i* craindre
félóra *fn* demi-heure *f*
felsőbb *mn* haut (e); **vminek a tetején** en ~
felszabadítani, kiengedni *i* libérer
felszabadulás *fn* libération *f*
felszín, felület *fn* surface *f*
feltűnő, kiváló *mn* remarquable
feltalálni, felfedezni, kitalálni *i* inventer
féltékeny, irigy *mn* jaloux
féltékenység, irigység, irigykedés *fn* jalousie *f*
felvilágosítás, értesülés, adat *fn* renseignement *m*
felvonó *fn* ascenseur *m*
fém *fn* métal *m*
fenék, hátlap, belső, alj *fn* fond *m*
fenntartani, állítani *i* soutenir
fény *fn* lumière *f*
fenyő *fn* pin *m*, sapin *m*
fenyegetés *fn* menace *f*
fénykép *fn* photographie *f*
fényképezni *i* photographier
fénymásolat *fn* photocopie *f*
férj *fn* mari *m*, époux *m*

fésű *fn* peigne *m*
festő *fn* peintre *m*
festeni (be~/ki~/le~), mázolni *i* peindre
festmény *fn* peinture *f*
fésülni *i* peigner, coiffer; **fésülködni** se ~
fészek *fn* nid *m*
fiatalos, **ifjú** *mn* jeune *a*; **egy fiatal** un ~
fiatalság, ifjúság *fn* jeunesse *f*
figyelem *fn* attention *f*; **vigyázni vmire** faire ~; **vigyázat!, figyelem!** ~!
figyelni vmit, ügyelni vmire, őrizni, ellenőrizni *i* surveiller
film *fn* film *m*
filmezni *i* filmer
filmfelvevőgép *fn* caméra *f*
fing *fn* pet *m*
fingani, pattogni, csattanni, szétpukkanni *i* péter
fiók *fn* tiroir *m*
fiókos szekrény *fn* commode *f*
fiú *fn* fils *m*; garçon *m*
fivér, báty, fiútestvér *fn* frère *m*
fizetés, munkabér, illetmény *fn* paie, paye *f*; salaire *m*; paiement *m*
fizetni *i* payer
fizikai; **testi**, **anyagi** *mn* physique
flopi (számitógéphez), hajlékony lemez *fn* disquette *f*
fodrász *fn* coiffeur *m*
fog *fn* dent *f*
fogad(tat)ás *fn* accueil *m*
fogadalom *fn* vœu *m*
fogadás (vmire) *fn* pari *m*

fogadás, átvétel *fn* réception *f*
fogadni (vkit) *i* accueillir
fogamzásgátló *fn* contraceptif *m*
fogás (étel) *fn* plat *m*
fogkrém *fn* dentifrice *m*
foglalkozás, szakma *fn* profession *f*
fogyasztható *mn* comestible
fogyasztó *fn* consommateur *m*
fogyni, soványodni *i* maigrir
fojtani (el/meg) vmit, elleplezni *i* étouffer
fokhagyma *fn* ail *m*
fokozat, fok *fn* degré *m*
fokozódó *mn*, **kifli** *fn* croissant *m*
folt *fn* tache *f*
folyadék *fn* liquide *m*
folyami rák *fn* écrevisse *f*
folyamodvány, beadvány *fn* demande *f*
folyamtorkolat *fn* aber *m*
folyékony *mn* liquide; **készpénz** argent ~
folyni *i* couler; **elsüllyedni** sombrer
folyó *fn* fleuve *m*, rivière *f*
folyóirat *fn* revue *f*
folyosó *fn* corridor *m*, couloir *m*
folytatás *fn* suite *f*; **rögtön, azonnal** tout de ~
folytatni *i* continuer
fondorlat, cselszövény *fn* machination *f*
fontos, jelentős, nagy, *mn* important
fordítani *i* traduire
fordítás, műfordítás *fn* traduction *f*
fordulat, cselfogás *fn* tour *m*
forgalom *fn* circulation *f*
forma *fn* forme *f*
formálni, szervezni *i* former *]*, **létrejönni**, se ~

forogni, fordítani, (ki~)beforditani *i* tourner
forrás *fn* source *f*
forró *mn* brûlant
fotó *fn* photo *f*
fóka *fn* phoque *m*
föld, talaj *fn* terre *f*
földi szeder *fn* ronce *f*
földigiliszta *fn* lombric *m*
földimogyoró *fn* cacahuète *f (Arachis hypogea)*
földművelő *fn* agriculteur *m*, cultivateur *m*
földrajz *fn* géographie *f*
földszint *fn* rez-de-chaussée *m*
földterület, telek, térség, pálya, talaj *fn* terrain *m*; **camping** ~ de camping
fölött (vmi ~) *el* par-dessus
fölül, fent *hat* au-dessus
fösvény *mn* avare
fövénypart *fn* grève *f*
főleg, főként, főképpen *hat* principalement
főni, forralni *i* bouillir; **dúlni-fúlni** bouillir de colère
főnök *fn* chef *m*
főváros *fn* capitale *f*
főzni *i* cuisiner
francia *mn* français(e)
Franciaország *tn* France *f*
frank *fn* franc *m*
friss, üde, hűvös *mn* frais
funkció, beosztás *fn* fonction *f*
furulya *fn* flûte *f*
futás *fn* course *f*; **futóverseny** ~ collective
futball *fn* football *m*
futni *i* courir; **fut a lányok után** ~ les filles

futó *fn* coureur *m*
fúrni, lyukasztani *i* percer
fúró *fn* fraise *f*
függetlenség *fn* indépendance *f*
függöny *fn* rideau *m*
fül *fn* oreille *f*
fülke *fn* cabine *f*; **telefonfülke** ~ téléphonique
fülke, kocsiszakasz *fn* compartiment *m*
fürdő *fn* bain *m*; **napozni** prendre un bain de soleil
fürdőkád *fn* baignoire *f*
fürdőnadrág *fn* maillot *m*; ~ de bain
fürdeni *i* baigner
fürge *mn* agile
füst *fn* fumée *f*
fütyülni *i* siffler
füzet *fn* cahier *m*, carnet *m*
fű *fn* herbe *f*; **gyógyfű**, *(~s médicinales)*, **fűszer** *(~s culinaires)*
fűrész *fn* scie *f*
fűszeresbolt *fn* épicerie *f*
fűtés *fn* chauffage *m*
fűtőtest *fn* radiateur *m* **fűzőzsinór, fűző, hurok** *fn* lacet *m*
fűzni, befűzni *i* lacer

G, GY

gabona *fn* céréale *f*
galamb *fn* colombe *f*, pigeon *m*
garancia, jótállás, biztosítás, szavatolás, óvadék *fn* garantie *f*
garas *fn* sou *m*

garázs, kocsiszín *fn* garage *m*
garnélarák crevette *f* *(Panaeus, Palaeemon, Crangon, stb)*
gát *fn* barrage *m*
gáz *fn* gaz *m*
gazdag, vagyonos *mn* riche
gazdagság *fn* richesse *f*
gazdálkodni vmivel, kezelni, vezetni *i* gérer
gazdasági rend, közgazdaság *fn* économie *f*
gége *fn* gosier *m*
gép *fn* machine *f*; **mosógép** ~ à laver
gépkocsi, autó *fn* automobile *f*
gimnazista *fn* lycéen *m*, collégien *m*
gimnázium *fn* lycée *m*
gipsz *fn* plâtre *m*
gitár *fn* guitare *f*
golyó (puska~), labda *fn* balle *f*
golyó *fn* bille *f*
gömb *fn* boule *f*
gomb *fn* bouton *m* **kapcsológomb** *Tech*; **rügy, bimbó** *Biol*
gomba *fn* champignon *m*
gond, aggodalom *fn* souci *m*
gondolat, árvácska *fn* pensée *f*
gondolkodni, vélekedni *i* penser
gondozni, gyógykezelni *i* soigner
gonosz *mn* méchant
görcs *fn* crampe *f*
görgő *fn* galet *m*
gőg *fn* orgueil *m*
gőgös, kevély *mn* orgueilleux
gőz, pára *fn* vapeur *f*
gramm *fn* gramme *m*

gránit *fn* granite *m*
grapefruit *fn* pamplemousse *m*
gratuláció *fn* félicitations *fpl*
gratulálni *i* féliciter; **gratulálni vkinek vmiért** ~ quelqu'un de
gúnyolódni, csúfolódni *i (se)* moquer *(de)*
gurulni, guritani, hengergetni, forgatni *i* rouler
gusztustalan *mn* dégoûtant
gyakori *mn* fréquent
gyakorlat *fn* exercice *m*
gyakran, sokszor *hat* souvent; **legtöbbször** le plus ~
gyalázatos, csúfos, szégyenletes *mn* honteux; **Ez ~!** c'est ~!
gyalogos *fn* piéton *m*
gyalogtúra *fn* randonnée *f*
gyapjú *fn* laine *f*
gyapot *fn* coton *m*
gyár *fn* usine *f*
gyarapodni, fejlődni *i* croître
gyártani, alkotni; termeszteni, okozni, felmutatni *i* produire; **történni** se ~
gyász *fn* deuil *m*
gyenge, nívótlan, erőtlen *mn* faible
gyengéden, halkan *hat* doucement
gyengédség *fn* tendresse *f*
gyengülni *i* affaiblir
gyermek, gyerek *fn* enfant *m*
gyermekkor *fn* enfance *f*
gyertya *fn* bougie *f*
gyilkos *fn* assassin *m*, tueur *m*
gyógyítani (meg~) *i* guérir
gyógyszer, orvosság *fn* médicament *m*

gyógyszerész *fn* pharmacien *m*
gyógyszertár, patika *fn* pharmacie *f*
gyógyulás *fn* guérison *f*
gyökér, gyök *fn* racine *f*
gyomor *fn* estomac *m*
gyöngy *fn* perle *f*
gyönyör *fn* plaisir *m*
gyors, sebes, villanó, rohamos, röpke, expressz *mn* rapide
gyorsan, hamar *hat* vite
győzelem *fn* victoire *f*
győzni *i* vaincre
gyufa *fn* allumette *f*
gyújtani (fel~/meg~) *i* allumer
gyümölcs, termés *fn* fruit *m*; **tengeri rák és kagyló** ~s de mer
gyűjtemény *fn* collection *f*
gyűlölet *fn* haine *f*
gyűlölni *i* haïr
gyűrű *fn* bague *f*

H

ha *hat* si; **mintha** comme ~
ha *konj* si, *hat* **hogy**, **annyira**
hab *fn* mousse *f*
háború *fn* guerre *f*
hadsereg *fn* armée *f*
hagyma *fn* oignon *m*
hagyni *i* laisser
hagyomány, tradíció szokás *fn* tradition *f*
hagyományos *mn* traditionnel

haj *fn* cheveu(x) *m*
hajat rendbe hozni, fejére tenni vmit *i* coiffer,
hajítani, vetni, dobni, röpíteni (el/rá/fel/be..) *i* lancer
hajlék *fn* abri *m*
hajlítani, hajtogatni, hajladozni *i* plier
hajnal *fn* aube *f*
hajó *fn* bateau *m*, **vitorlás hajó** ~ à voile; **csónakázni, hajózni** faire du ~
hajós *fn* navigateur *m*
hajótörés *fn* naufrage *m*
hajózni, haladni *i* naviguer
hajtás, ránc *fn* pli *m*
hajtóanyag *fn* carburant *m*
hajviselet *fn* coiffure *f*
hal *fn* poisson *m*
haladás *fn* progrès *m*
haladni, nyomulni *i* avancer
halál(eset) *fn* décès *m*
halász *fn* pêcheur *m*
halászat *fn* pêche *f*; **halászhajó** bateau de ~
halászbárka *fn* barque *f*
halászni *i* pêcher; **horgászni** ~ à la ligne
hallani, (meg)hallgatni *i* écouter
hallatlan! *mn* inouï c'est ~!
halni (el~/meg~), dögleni, elpusztulni *i* mourir
háló, bélszín *fn* filet *m*
halom *fn* tas *m*
halott (ember), döglött (állat) *fn/mn* mort(e) *f*; **a halál** la ~; **halott, hulla** le ~
hálózat *fn* réseau *m*; chaîne *f*
hámlani, hámozni, hántani *i* peler
hamú *fn* cendre *f*

hamútartó *fn* cendrier *m*
hanem, de *konj* mais
hang *fn* son *m (zaj)*, voix *f*; **hangosan** à haute ~; **halkan** à ~ basse
hangjegy, minősítés, osztályzat, számla *fn* note *f*
hangsúlyozni, megjelölni *i* marquer
hangverseny *fn* concert *m*
hangya *fn* fourmi *f*
hány?, milyen? *mn* quel?; **hány óra**? quelle heure?; *fel*; **micsoda ember!** ~ homme!
hány(~féle), (~szor) *hat* combien; *(mennyiség, érték)* **mennyi idő** ~ de temps
hányni *i* vomir
harag *fn* colère *f*; **haragszik** il est en ~
haragudni, bosszantani *i* fâcher; **megharagudni** se ~
harang, kolomp *fn* cloche *f*
harapni *i* mordre
harc *fn* combat *m*; **küzdelem; verseny** *(sport)*
harcolni *i* combattre
hárfa *fn* harpe *f*
harisnya *fn* bas *m*
harmad, harmadik, kívülálló személy *fn* tiers *m*; a **harmadik (kirekesztett) világ** le ~ Monde
harmat *fn* rosée *f*
harminc *szn* trente
három *szn* trois
háromszög *fn* triangle *m*
hársfa *fn* tilleul *m*
has *fn* ventre *m*
hasadék, hézag, nyílás *fn* fente *f*
hasonlítani *i* ressembler

hasonló (vmihez) *mn* semblable
használat *fn* usage *m*
használó (vmit ~ egyén), utas *fn* usager *f*
hasznos *mn* utile
haszon, kereset, jövedelem, nyeremény *fn* gain *m*
hát *fn* dos *m*
hat *szn* six
hatalmas *mn* énorme
határ, (ország~) *fn* frontière *f*
határnap, lejárat *fn* échéance *f*
határozottság *fn* assurance *f*
határvonal, szél *fn* limite *f*
hatás, ki/ behatás *fn* influence *f*
hátrálni, elhalasztani, hátrahúzódni *i* reculer
hátráltatni *i* empêcher; **feltartani vkit** ~ quelqu'un de
hattyú *fn* cygne *m*
hatvan *szn* soixante; **hetven** ~-dix
havazni *i* neiger
ház *fn* maison *f*; **hazamenni** aller à la ~; **otthon maradni** rester à la ~
házas *mn* marié
házasság, esküvő *fn* mariage *m*
házastárs *fn* conjoint(e) *fm*
háztartás, házasélet *fn* ménage *m*
hazudni *i* mentir
hazug *mn* menteur
hegedű *fn* violon *m*
hegy, hegység *fn* montagne *f*
hegyes *mn* aigu
héj (gyümölcs) *fn* pelure *f*
helikopter *fn* hélicoptère *m*

hely (ház~) *fn* emplacement *m*
hely *fn* lieu *m*; **ahelyett hogy** au ~ de; **történik, előfordul** avoir ~
hely, tér, tisztség *fn* place *f*; **helyben** sur ~
helye, tája vminek, részlete vminek *fn* endroit *m*
helyettesíteni, kicserélni *i* remplacer
helyezni (el~), jellemezni *i* situer
helyreállítani, rekonstruálni *i* reconstituer
helység *fn* commune *f*
helytelen, tapintatlan, szabálytalan *mn* incorrect
henger *fn* cylindre *m*
hentesáru *fn* charcuterie *f*
herceg *fn* duc *m*
hermelin *fn* hermine *f*
hét *szn* sept; *fn* semaine *f*; **hétköznap** en ~
hétfő *fn* lundi *m*
heti *mn* hebdomadaire
hétvége *fn* week-end *m*
heveny *(orv) mn* aigu
hiány *fn* manque *m*
hiányozni, elszalasztani, elmulasztani *i* manquer
hiányzó *mn* absent
hiba *fn* défaut *m (minőség)*, **tévedés** *fn* erreur *f*
hiba, tökéletlenség, vétek, bűn, *fn* faute *f*, **ez az én hibám** c'est de ma ~
híd, fedélzet *fn* pont *m*
hideg (-ség) *fn* froid *m*; **hűvös** *mn*; **megfázni** prendre ~; **hideg van** il fait ~
hihetetlen *mn* incroyable
hím, apaállat, hímnemű, férfias *fn* mâle *m*
hímnemű *mn* masculin
hímvessző *fn* pénis *m*

hímzés, kézimunka *fn* broderie *f*
hínár *(barna tengeri) fn* goémon *m*
hinni, vélni *i* croire
hinta *fn* balançoire *f*
hír, értesülés, (hír)közlés *fn* information *f*; **hírek** ~s
hirdetés, hírverés *fn* publicité *f*
híres *mn* célèbre
híresség, hírnév *fn* renom *m*
hírnév, tekintély *fn* réputation *f*
hirtelen *mn* brusquement, soudain
hiszen, ha már *konj* puisque
hit *fn* foi *f*
hitel *fn* crédit *m*
hívás, jelzés, fellebbezés *(jog) fn* appel *m*
hivatal *fn* bureau *m*
hivatalos, hivatali *mn* officiel
hívni *i* appeler
hízni, dagadni, nagyítani *i* grossir
hó *fn* neige *f*
hogy *konj/nm* pour; que; **nagyobb mint** plus grand ~; **nem iszik csak vizet** il ne boit que de l'eau; **ami** ce ~
hogyan *hat* comment
hold *fn* **lune** *f*; **telihold** pleine ~
Hollandia *tn* Pays-Bas *m tbsz*
holló *fn* corbeau *m*
holnap *hat* demain; **à ~!**
holnap után *hat* après-demain
holttest *fn* cadavre *m*
homály, sötétség *fn* ténèbres *tbsz*
homár *fn* homard *m*
homlok *fn* front *m*; **front** *(háború: arcvonal)* ligne

de ~

homok *fn* sable *m*

homokbucka, halom *fn* dune *f*

homoszexuális *fn* homosexuel *m*

hőmérséklet *fn* température *f*; **láz** *(orv)*

hónap *fn* mois *m*

honfitárs *fn* compatriote *m*

hordó *fn* barrique *f*

horgony *fn* ancre *f*

horkolni *i* ronfler

hosszú *mn* long; **vmi mentén** le ~ de; **10 m hosszú** 10 m de ~

hosszúság *fn* longueur *f*

-hoz, -hez, -höz *(hely/irányváltoztatás) el* à

hozni (át~/be~/ide~/oda~) *i* apporter

hozzá, mellé *el* chez; **hazatérni** aller ~ soi; **otthon** le ~ soi; **nálam** ~ moi; **nálad, nálatok** ~ toi/vous; ~ lui/eux **nála, náluk**

hozzáértő, ügyes *mn* capable; **képes vmire** être ~ (de)

hozzájárulás *fn* cotisation *f*

hozzájárulni vmihez *i* consentir

hozzászokott, törzsvendég *mn* habitué

hozzátartozni *i* appartenir

hozzátenni, hozzáadni *i* ajouter

hüllő *fn* reptile *m*

hullám *fn* onde *f*

hullám, bizonytalan, határozatlan *fn* vague *f*

hullámzás *fn* houle *f*

hülye *mn* imbécile

humor *fn* humour *m*

huncut, csalafinta *mn* malin

hurka *fn* andouille *f*

hús *fn* chair *f*, viande *f*
húsvét *fn* Pâque *m*, Pâques *fpl*
húsz *szn* vingt; **huszonöt** ~-cinq
hüvelykujj *fn* pouce *m*
hű, hűséges, ragaszkodó *mn* fidèle
hűlés *fn* refroidissement *m* **meghűlés** *(orv)*
hűtőszekrény *fn* réfrigérateur *m*
hűteni, lehűteni *i* refroidir, **lehülni** se ~
húzni *i* tirer; *(vers soi)*

I

ideg *fn* nerf *m*
idegenforgalom *fn* tourisme *m*
idegenvezető *fn* guide *m*; **útikalauz**
ideges *mn* nerveux
idegesíteni, felizgatni *i* énerver
idióta *mn* idiot
idomítani *i* dresser
idő *fn* temps *m*; **idejében, jókor** à ~; **ideje.hogy** il est ~; **van még időnk!** on a le ~!
időpont, pillanat *fn* moment *m*
idős *mn* âgé; **hat éves** ~ de six ans
idősebb (leg~) *mn* aîné
időtöltés, szórakozás *fn* passe-temps *m*
ifjú hölgy *fn* demoiselle *f*
ifjú, serdülő lány *fn* adolescent -e *fm*
igaz(i), való(di) *mn* vrai
igazgató *fn* directeur *m*
igazítani, rendezni, fizetni, beállítani, elintézni *i* régler
igazság *fn* vérité *f*

igazságos, találó, megfelelő, feszes *mn* juste
igazságszolgáltatás, biráskodás, bíróság *fn* justice *f*
igazságtalan, jogtalan, méltánytalan *mn* injuste
igazságtalanság, sérelem, vétek *fn* tort *m*; **igazságtalanul, ok nélkül** à ~
igen *hat* oui
igeragozás *fn* conjugaison *f*
így *hat* ainsi; **amint, valamint** ~ que
íj *fn* arc *m*
ijedelem, rémület *fn* effroi *m*
iker, kettős *fn* jumeau *a & m*
illatszer, parfüm, aroma *fn* parfum *m*
illemhely *fn* toilettes *tbsz (WC)*
illeni vkihez, vmihez *i* convenir
ima, kérés *fn* prière *f*
imádkozni *i* prier
imádni *i* adorer
imádni való, (bámulatra méltó) *mn* admirable
íme (itt van) *hat* voici **íme (ott van)** *hat* voilà
inas *fn* apprenti *m*
incidens, esemény *fn* incident *m*
infláció, pénzhígítás *fn* inflation *f*
ing *fn* chemise *f*; **hálóing** ~ de nuit
ingajárat *fn* navette *f*
ingyenes, díjtalan, ok nelküli *mn* gratuit, **ingyenesen** ~ement
injekció *fn* piqûre *f*; **csípés** *(rovar~)*
inkább *hat* plutôt
inkább, jobban *hat* davantage
inni *i* boire
intelligencia, ész, értelem, okosság *fn* intelligence *f*

intelligens, értelmes, okos *mn* intelligent
internet *fn* internet *m*
invitálni, meg/behívni *i* inviter
ipar *fn* industrie *f* **ipar~/szén~/fa~)telep** *fn* chantier *m*
ír *mn* irlandais(e)
irányítani, kalauzolni *i* guide
iránytű *fn* boussole *f*
írás *fn* écrit *m*
írásmód *fn* écriture *f*
iratgyűjtő (rendező) *fn* classeur *m*
irgalom, könyörületesség, szánanlom *fn* pitié *f*
írni *i* écrire
iró *fn* écrivain *m*
íróasztal *fn* bureau *m*
iroda *fn* bureau *m*
irodalom *fn* littérature *f*
Írország *tn* Irlande *f*
iskola *fn* école *f*
iskolai, tanügyi *mn* scolaire; **iskolaszünet** vacances ~s
iskolás, diák *fn* écolier *m*
islolaév kezdete *fn* rentrée *f (école)*
ismeret *fn* connaissance *f*
ismeretlen *mn* inconnu
ismerni (meg~) *i* connaître; **beismerni, belátni** *i* reconnaître
ismételni *i* répéter *(s'exercer)*
istálló *fn* écurie *f*, étable *f*
isten *fn* dieu *m*; **Istenem!** mon Dieu!
Isten veled *fn* adieu *m*
ital *fn* boisson *f*
ítélni *i* juger

itt *hat* ici; **innentől** d'~; **nyolc nap múlva** d'~ (à) huit jours
itt, ott, ide, oda, abba, ebbe, benne, bele, arra, rajta, rá *hat* y; **van** il y a; **mi van?** qu'y a-t-il? **két éve** il y a deux ans
ív *fn* arc *m*
íz, ízlés, gusztus, szépérzék *fn* goût *m*; **izlésem szerint** à mon ~
izé *fn* machin *m*
ízlelni (meg~), kóstolni, uzsonna *i* goûter
izom *fn* muscle *m*
izomláz *fn* courbatures *tbsz*
izzadni *i* suer, transpirer
izzadság, verejték *fn* sueur *f*

J

január *fn* janvier *m*
Japán *tn* Japon *m*
járás *fn* canton *m*
járás, lépcsőfok, haladás *fn* marche *f*; **elinditani** mettre en ~
járni, működni, lépni *i* marcher
jártas, ügyes *mn* habile; **jogosítani** *i* habiliter à
játék *fn* jeu *m*
játékos joueur *m*
játékszer, játék *fn* jouet *m*
játszani *i* jouer
javítás, rendbehozás *fn* réparation *f*; **elégtételjavítni (meg~/ki~), kiengesztelni** *i* réparer; **jóvátenni** *(tort)*

jégeső *fn* grêle *f*
jéghideg, dermesztő *mn* glacial
jegy, bankjegy *fn* billet *m (mozi)*, ticket *m (villamos)*
jegyezni (be~/fel~), beírni *i* enregistrer
jegyzék, lista *fn* fiche *f*
jel (irás~/elő~), jelleg *fn* signe *m*
jel *fn* code *m*; **irányítószám** ~ postal
jelenkori, kortárs *mn* contemporain
jelenleg *hat* actuellement
jelenség *fn* évènement *m*
jelenteni vmit *i* signifier
jelleg (külső~), forma, szempont *fn* aspect *m*
jellem, jelleg *fn* caractère *m*
jelzés *fn* signal *m*
jó *mn/fn* bon *m*; bonne *f*; bien *m*; **hamar, jókor, korán** de bonne heure; **jólesik, jót tesz** ça me fait du bien; **jó estét!** *fel* bonsoir!; **jó napot!** *fel* bonjour!
jobb *mn* mieux, meilleur; **legjobb le** ~; (≠ **bal**) droit, droite; **jobbra à** ~; **egyenes (fiz)**; **becsületes, jobbá tenni, (meg)javitani** *i* améliorer
jobboldal *fn* tribord *m*
jog *fn* droit *m*
joghurt *fn* yaourt *m*
jól *hat* bien; **messzebb** ~ plus loin; **szintúgy mint, csakúgy** aussi ~ (que); **no!, nahát** eh ~! **természetesen** ~ sûr
jómód, könnyedség *fn* aisance *f*
jönni (be~/el~) *i* venir; **hívni, hozatni** ~ (de faire)
jóság *fn* bonté *f*
jószívű, (nagy~/nemes~)lelkű *mn* généreux

jövő *fn* avenir *m*, futur *m*
jövedelem *fn* revenu *m*
július *fn* juillet *m*
június *fn* juin *m*

K

kabát *fn* manteau *m*
kabát, mellény *fn* veste *f*
kábel, tartókötél *fn* câble *m*
kábítószer *fn* drogue *f*
kacsa *fn* canard *m*
kagyló(~féle) *fn* coquillage *m*
kakas *fn* coq *m*
kalap, sapka *fn* chapeau *m*
kalapács *fn* marteau *m*
kálvária *fn* calvaire *m*
kályha, sütőtepsi *fn* poêle *f*
kanál *fn* cuillère, cuiller *f*
kanca *fn* jument *f*
kancsó *fn* pichet *m*
kandalló *fn* cheminée *f*
kaparni, vakarni, kotorni *i* gratter, **vakaródzni** se ~
kapcsolat, kötélék *fn* lien *m*
kapcsolni (össze~/be~) összekötni, *i* brancher
kapni, fogadni (be~/el~) *i* recevoir
kápolna *fn* chapelle *f*
káposzta *fn* chou(x) *m*
kapszula *fn* capsule *f*
kár *fn* *dommage m*; **sajnálatos dolog** c'est dommage; *(víz~)* dégât *m*

kar, ág, elágazás *fn* bras *m*
Karácsony *fn* Noël *m*
karácsonyesti ünnep *fn* réveillon *m*
karambol *fn* carambolage *m*
karaván *fn* caravane *f*
karcsú, keskeny, csekély, vékony *mn* mince
kard *fn* épée *f*
karfiol *fn* chou(x)-fleur *m*
karika *fn* anneau *m*
karom, köröm, kézjegy, szöghúzó *fn* griffe *f*
káromkodni, szitkozódni *i* jurer
karosszék *fn* fauteuil *m*; **tolószék** ~ roulant
karperec *fn* bracelet *m*
kárpótlás, pótlék, elégtétel, segély *fn* indemnité *f*
karton, (papír)doboz *fn* carton *m*
kártya *fn* carte *f* **személyigazolvány** ~ d'identité **levelezőlap** ~ postale
kastély, vár *fn* château *m*
katalogus *fn* catalogue *m*
katicabogár *fn* coccinelle *f*
katolikus *mn/fn* catholique
katona *fn* soldat *m*
kátrány, szurok *fn* goudron *m*
kattintani *i* cliquer
kávé, kávéház *fn* café *m*
kavics *fn* caillou *m*
kazán *fn* chaudière *f*
kazetta *fn* cassette *f*
kecske *fn* chèvre *f*
kedd *fn* mardi *m*; **húshagyó kedd** ~ gras
kedv, hangulat *fn* humeur *f*; **(jó~/ rossz~) kedvűnek lenni** être de bonne/mauvaise ~

kedves *mn* cher, chère
kedves, megnyerő, szeretetreméltó *mn* gentil, aimable
kedvező *mn* favorable
kefe *fn* brosse *f* **fogkefe** ~ à dents
kegyetlen *mn* cruel
kegyetlenség *fn* cruauté *f*
kék *mn* bleu
keksz *fn* biscuit *m*
kelet *fn* est *m*
kell, szükséges *i (főnévi igenévvel)* falloir; **kell hogy** il faut (que); **nem szabad (enni)** il ne faut pas (manger)
kellemes *mn* agréable
kellemetlen *mn* désagréable
kellemetlenség, baj *fn* inconvénient *m* **hátránnyal járó helyzetben lenni** avoir des ~s
kelta *fn/mn* celte; celtique
kelta pap *fn* druide *m*
kemence (sütő~) *fn* four *m*
kemence, tűzhely *fn* fourneau *m* **kohó** grand~
kemény *mn* dur
kemény, váratlan, feszes *mn* raide
kémia *fn* chimie *f*
kémlelni, lesni *i* guetter
kemping *fn* camping *m*
kempingautó, lakókocsi *fn* camping-car
kendő *fn* écharpe *f*; **zseb**~ *fn* mouchoir *m*
-ként, -val, -vel *el* par; **kettesével** deux ~ deux; **havonta (havonként)** ~ mois,
kényelem *fn* confort *m*
kényelmes *mn* confortable; commode
kenyér *fn* pain *m*, **hosszú francia kenyér** baguette *f*

kényszeríteni *i* contraindre

kénytelen, kötelező, köteles *mn* obligé; **kénytelen** être ~ de

kép *fn* image *f*

képernyő, ellenző *fn* écran *m*

képes (heti) lap *fn* magazine *m*

képes lenni vmire *i*, **hatalom, uralom** *fn* pouvoir *m*

képezni, tanítani, oktatni *i* instruire

képmagnó *fn* magnétoscope *m*

képmutató, alakoskodó, alattomos *mn* hypocrite

képtelen, élhetetlen, kontár *mn* incapable

képviselő *fn* député *m*

képzelet, fantázia, elképzelés *fn* imagination *f*

képzelni, (el) *i* imaginer

képzés, nyomozás, képzettség, oktatás *fn* instruction *f*; **rendelkezés(ek)** ~s

kérdés *fn* question *f*

kérdezni, vizsgáztatni, vallatni *i* interroger

kéreg (fa) *fn* écorce *f*; **héj** *(gyümölcs);(föld)* croûte *f*; **kenyérhéj** croûte de pain; **var**, **heg** *(orv)*; **uzsonnázni** casser la ~

kerék *fn* roue *f*

kerek, gömbölyű *fn/m* rond *a* & *m*

kerékpár *fn* bicyclette *f*, vélo *m*

kerékpáros *fn* cycliste *m*

kereskedő *fn* commerçant *m*, marchand *m*

kereskedelem *fn* commerce *m*

keresni *i* chercher

kereszt *fn* croix *f*

keresztanya *fn* marraine *f*

keresztapa *fn* parrain *m*

keresztény *mn/fn* chrétien
kereszteződés *fn* carrefour *m*
keresztnév, utónév *fn* prénom *m*
keret *fn* cadre *m*
kérni *i* demander; **szeretné tudni (hogy), kételkedni** se ~
kert *fn* jardin *m*
kertész *fn* jardinier *m*
kertészet *fn* jardinage *m*
kerülő détour *m*
kerület, gerezd *fn* quartier *m*
kerülni vmibe *i* coûter; **mennyibe kerül?** ça coûte combien?; **ha törik... ha szakad** coûte que coûte
kés *fn* couteau *m*
késő *hat* tard
keserű *mn* amer
keserves, fárasztó, terhes *mn* pénible
késés *fn* retard *m*; **későn**, *elkésve* en ~
késleltetni *i* retarder
kész *mn* prêt
készíteni (be~/elő~/el~) *i* préparer
kesztyű *fn* gant *m*
készülék *fn* appareil *m*
kételkedni, gyanakodni vmiben *i* douter
kétnyelvű *mn* bilingue
kétnyelvűség *fn* bilinguisme *m*
ketrec *fn* cage *f*
kétség *fn* doute *m*; **bizonyosan** sans ~
kétszersült *fn* biscotte *f*
kettő *szn* deux
keverni, vegyíteni *i* mélanger
kevés *hat* peu; **egy kevés..., egy kis**... un ~ (de); **lassacskán** ~ à ~

kevesebb *hat* moins; **a legkevésbé** le ~
kéz *fn* main *f*
kézcsukló *fn* poignet *m*
kezdeni (el~/meg~) *i* commencer
kezdet *fn* début *m*, commencement *m*
kézműves *fn* artisan *m*
ki? *névm* qui?; **amelyik** ce ~
kiábránditani *i* décevoir
kiállítás, tárlat, megvilágitás *fn* exposition *f*
kiáltani *i* crier
kiáltás, sikoltás *fn* cri *m*
kicsi, alacsony *mn* petit; **apránként, lassanként** ~-à-~
kicsordulni *i* déborder
kiegészíteni *i* compléter
kiejteni *i* prononcer
kiejtés, hangsúlyozás, ékezet (*jel*) *fn* accent *m*
kietlen *mn*, **sivatag** *fn* désert *m*
kifejezés *fn* terme *m*
kifejteni *i* développer
kígyó *fn* serpent *m*
kihatás *fn* effet *m*; **ugyanis** en effet
kijavítani *i* corriger
kijelenteni *i* déclarer
kijönni, előjönni *i* sortir
kikötő *fn* port *m*
kilenc *szn* neuf
kilincs, fogantyú, markolat, marék *fn* poignée *f*; **kézfogás** ~ de main
kiló *fn* kilo *m*
kilométer *fn* kilomètre *m*
kimenő, szabadság *fn* permission *f*
kincs(tár) *fn* trésor *m*

kinézés, arc *fn* mine *f*
kint *hat* dehors
kinyilványítás *fn* manifestation *f* **tüntetés** *(revendicative)*; **rendezvény műsor** *(spectacle)*
kinyomtatni, kiadni, közreadni *i* éditer
király *fn* roi *m*
királynő *fn* reine *f*
kisasszony *fn* mademoiselle *f*
kisegíteni vkit, kijavítani vmit *i* dépanner
kísértet *fn* fantôme *m*
kiskorú *mn* mineur
kisváros *fn* bourg *m*
kiszámitani, számolni *i* calculer
kiszélesíteni, tágítani, bővíteni *i* élargir
kitűnő *mn* excellent
kitalálni, eltalálni *i* deviner
kitörni *i* éclater; **elneveti magát** éclater de rire
kitüntetni, díszíteni *i* décorer
kiüríteni, tehermentesíteni *i* décharger
kivágni *(fát)* *i* abattre
kíváncsi, érdekes *mn* curieux; **különös** étrange
kívánni *i* souhaiter
kívánság, vágy *fn* désir *m*, envie *f*
kivasalni *i* repasser *(linge)*
kivéve, azonkívül *el* sauf
kívül (vmin), túl (vmin) *el* hors *(de)*
klasszikus *mn* classique
klinika *fn* clinique *f*
kocka *fn* cube *m*, *(játék)* dé *m*
kockázat *fn* risque *m*
kocsma, pince *fn* taverne *f*
köd *fn* brouillard *m*, brume *f*
köhögés *fn* toux *f*

köhögni *i* tousser
kolbász *fn* saucisson *m*, **virsli** *fn* saucisse *f*
kölcsönözni *i* prêter
kölcsönvenni *i* emprunter; **rátérni** *(egy útra)*
köldök *fn* nombril *m*
kolléga, (szak~/kar~)társ *fn* collègue *m*
kollégium *fn* collège *m*
költő *fn* poète *m*
költemény *fn* poème *m*
költözni *i* déménager
költség *fn* coût *m*, frais *pl*, dépense *f*
költséges *mn* coûteux
komoly *mn* sérieux
kongresszus *fn* congrès *m*
konkrét *mn* concret
könny *fn* larme *f*
könnyű *mn* facile; **nem nehéz, felületes** *mn* léger
konyha, főzés *fn* cuisine *f*
könyök *fn* coude *m*
könyv *fn* livre *m*; **angol font** *(súly)*
könyvesbolt *fn* librairie *f*
könyvtár *fn* bibliothèque *f*
konzervnyító *fn* ouvre-boîte *m*
konzol (számítógép), tartó *fn* console *f*
kopasz *mn* chauve
koplalás, böjtölés *hat* jeûne; **éhgyomorra** à jeun
köpni *i* cracher
koponya *fn* crâne *m*
koporsó *fn* cercueil *m*
kör *fn* cercle *m*
korábban, azelőtt, (ez~) *hat* auparavant
korán *hat* tôt
kórház *fn* hôpital *m*

korlát *fn* barrière *f*
kormány *fn* gouvernement *m* **autó~** volant *m*
kormánylapát, hajókormány *fn* gouvernail *m*
kormányozni, irányítani, vezetni *i* gouverner
kormorán *fn* cormoran *m*
környezet *fn* environnement *m*
köröm *fn* ongle *m*
korona *fn* couronne *f*
körpálya *fn* circuit *m* **áramkör** électrique
korszerű, újszerű *mn* moderne
körte *fn* poire *f*
körtér, körönd *fn* rond-point *m*
körülbelül (kb.), megközelítőleg *hat* environ
körülötte *hat* autour
kosár *fn* corbeille *f*; *(bevásárló)* panier *m*
köszönés, üdv *fn* salut *m*; **szervusz!** ~!
köszönet *fn* merci *f*
köszönteni, üdvözölni *i* saluer
koszorú *fn* couronne *f*
köteg, csomó *fn* botte *f* **csizma** bottes
kötél *fn* corde *f*
kötelesség *fn* devoir *m*
kötelezni vkit vmire *i* obliger
kötés, trikó *fn* tricot *m*
kötetlen idő / foglalkozás *(kedvtelésből) fn* loisir *m*
kötni (fel~/be~), hurkolni *i* nouer
kötni, (le~/hozzá~) *i* attacher
kötni, kapcsolni *i* lier
kötszer *fn* bandage *m*
kövér *(ember)*, **nagy** *mn* gros (-se)
kövér *(hús)*, **nedvdús** *(növ) mn* gras
követelés, óvás, reklamálás *fn* réclamations tbsz

követelni *i* réclamer
következő, jövő, felebarát *mn* prochain
következetes *mn* conséquent; **ennélfogva, azért, ezért, eszerint** par ~
következtetni, befejezni *i* conclure
követni *i* suivre; **folytatása következik** à ~
közben *hat* pendant
közé, között *el* entre
közeg, környezet, kör *fn* milieu *m*
közel *hat* près; **körülbelül** à peu ~
közelében, mellette, nála *hat* auprès
közeledni, közelíteni (meg~) *i* approcher
közeli, intim *mn* proche
közepes, átlagos *mn* moyen
középszerű, hitvány, csekély, kisszerű *mn* médiocre
közigazgatási hatóság, igazgatás, intézés *fn* administration *f*
közlekedni *i* circuler; **áramlani** *(folyadék)*
közlemény, (újságcikk) *fn* article *m*
köznapi, egyszerű *mn* ordinaire
közönség, nyilvános *fn/mn* public *m*
közös, közönséges *mn* commun
között, közé *el* parmi
központ *fn* centre *m*, **vásárló ~** ~ commercial
központi *mn* central
közreműködni *i* collaborer
köztársaság *fn* république *f*
közvetlen *mn* direct; **közvetlen adásban** en ~
kő *fn* pierre *f*
kőlap *fn* dalle *f*
kőműves *fn* maçon *m*
kőolaj *fn* pétrole *m*

krém, tejszín *fn* crème *f*; **fagylalt** crème glacée
krízis *fn* crise *f*; **roham** *(orv)*; **válság**
krumpli *fn* patate *f*
kudarc *fn* échec *m*
kukac, féreg *fn* ver *m*; **giliszta** ~ de terre
kukorica *fn* maïs *m*
kulcs *fn* clé clef *f*
külföldi, idegen *mn* étranger
különben nem *hat* sinon
különböző, többféle *mn* divers
különbség, különbözet *fn* différence *f (minőségi)*
különleges, sajátságos *mn* spécial
különös, furcsa *mn* étrange, bizarre
különösen, leginkább, főleg *hat* surtout
külső *fn/mn* extérieur *m*
kulturális *mn* culturel
kulturált, művelt *mn* cultivé
külváros, külkerület *fn* banlieue *f*
kunyhó *fn* cabane *f*
kurta, rövid *mn* bref; **egyszóval** en ~
küszködni, küzdeni, bírkózni, *i* lutter
kút *fn* puits *m*
kutatás *fn* recherche *f*
kutatni, keresni *i* rechercher; **keresni vkit** ~ quelqu'un
kutya *fn* chien *m*

L

la Manche (~ csatorna) *tn* Manche *f* la ~
láb, lábszár *fn* jambe *f*
lábfej, palánta *fn* pied *m*; **gyalog** à ~

lábadozás *fn* convalescence *f*
labda, léggömb *fn* ballon *m*
lábos *fn* casserole *f*
láda *fn* coffre *m*, caisse *f*
lágy, gyengéd *mn* tendre
lakás *fn* appartement *m*, logement *m*
lakat *fn* cadenas *m*
lakbér *fn* loyer *m*
lakhely (~cím), otthon *fn* domicile *m*
lakni vhol *i* habiter (à); demeurer
lakóhely (àllandó tartózkodási hely) *fn* résidence *f*
lakótelep *fn* cité *f*
lámpa *fn* lampe *f*
lánc *fn* chaîne *f*
láng *fn* flamme *f*
lángelme, zseni *fn* génie *m*
languszta (kis norvég ~) *fn* langoustine *f* *(Nephrops norvegicus)*
langusztarák *fn* langouste *f (Palinurus)*
langyos, enyhe, lanyha *mn* tiède
lány, leány *fn* fille *f*
lap, lemez *fn* plaque *f*
lapát *fn* pelle *f*
lapos *mn* plat
lárma, hangoskodás, ricsaj *fn* tapage *m*
lármás, zajos *mn* bruyant
lassítani *i* ralentir
lassú *mn* lent
látcső *fn* lunette *f*
láthatár, látókör *fn* horizon *m*
látni *i* voir
látogatás *fn* visite *f*; **vizsgálat** *(orvosi)*

látszani vminek, előjönni, feltűnni *i* paraître; **úgy tűnik hogy** il paraît (que)
látszat *fn* semblant *m*; **szimulálni** faire ~
látvány, előadás *fn* spectacle *m*
láz, izgatottság *fn* fièvre *f*
lazac *fn* saumon *m*
lázer *fn* laser *m*
lé *fn* jus *m*; **gyümölcslé** ~ de fruit
leánytestvér *fn* sœur *f*
lebegni, ingadozni, úszni, lengeni *i* flotter
lecke, oktatás, tanulság *fn* leçon *f*
leereszteni *i* abaisser
leesni, lezunanni, bukni (el~/le~) *i* chuter; **(el~/le~)buktatni** faire ~
lefolyó *fn* évier *m*
legalul, lent *hat* au-dessous
legelni *i* paître
légi-közlekedés, repülés *fn* aviation *f*
légkör *fn* atmosphère *f*, climat *m*
legutóbb *hat* dernièrement; **legutóbbi** *mn* récent
légy *fn* mouche *f*
lehallgatni, elnyerni, (be~/fel~)fogni, megkötni *(kémia) i* capter
lehelet *fn* haleine *f*
lehetetlen, képtelen *mn* impossible
lehetséges, elképzelhető *mn* possible
lekvár *fn* confiture *f*
lelőhely, táj ék *fn* site *m*
lélegzeni *i* respirer
lélegzés, lehelet, szél *fn* souffle *m*
lélek *fn* âme *f*
lelet *fn* trouvaille *f*
lemérni, nyomni, latolgatni *i* peser

lemez (hang~) *fn* disque *m*, **flopi (számitógéphez),** disquette *f*
lenni *segédige* être
lenyelni *i* avaler
leoldani, elválasztani *i* détacher
lépcső *fn* escalier *m*
lepedő *fn* drap *m*
lepény *fn* galette *f*
lépés *fn* pas *m*
lepke, pillangó *fn* papillon *m*
lerakás, felmentvény *fn* décharge *f*; **szeméttelep** ~ publique
lesújtó *mn* consternant
lesülni *i* bronzer (se ~)
leszállni *i* descendre, *(repülő)* atterrir
létezni *i* exister *v*
letörölni, eltüntetni *i* effacer
létra, mérték *fn* échelle *f*
leülni *i* asseoir
levágni *(állat) i* abattre
levegő *fn* air *m*
levél (posta) *fn* courrier *m l*
levél, betű *fn* lettre *f*
levélpapir, könyvlap *fn* feuille *f*
levenni (el~) vmit *i* ôter
leves *fn* soupe *f*, *(zöldség)* potage *m*
levetkőztetni *i* déshabiller
liba, lúd *fn* oie *f*
liget *fn* bocage *m*
limonádé *fn* limonade *f*
lista, jegyzék *fn* liste *f*
liszt *fn* farine *f*
liter *fn* litre *m*

ló *fn* cheval *m*; **lovagolni** faire du ~
lóhere *fn* trèfle *m*; **treff** *(kártya)*
lopás *fn* vol *m*
lopni *i* voler
lovas *fn* cavalier *m*
lóvé, pénz *fn* fric *m*
lövés *fn* tir *m*
lúdtalp *fn* plante *f*
lusta, henye, lomha *mn* paresseux
lustaság, tunyaság *fn* paresse *f*
lyuk, lék, hiány *fn* trou *m*

M

ma *hat* aujourd'hui
macska *fn* chat *m*
madár *fn* oiseau *m*
mag (atom~/gyümölcs~) *fn* noyau *m*
mag *fn* graine *f*
maga, magát, magának, egymást, egymásnak *névm* se
magánjellegű, egyéni *mn* personnel
magányos, egyedülálló, társtalan *mn* solitaire
magas *mn* élevé
magaslat, magasság *fn* hauteur *m*
magától érthetődő, helyes! *mn* entendu; **rendben van! (megértettem!)** bien ~
magnetofon *fn* magnétophone *m*
magyalfa *fn* houx *m (Ilex aquifolium)*
magyar *mn*, ~
magyarázni *i* expliquer
Magyarország *tn f*

máj *fn* foie *m*
majdnem, csaknem *hat* presque
majom *fn* singe *m*
május *fn* mai *m*
makréla, strici, kerítő *fn* maquereau *m*
makulátlan, áttekinthető, szabatos, tiszta *mn* net
málna *fn* framboise *f*
malom, daráló *fn* moulin *m*
mama *fn* maman *f*
mancs, láb *fn* patte *f*
mankó *fn* béquille *f*
már *hat* déjà
maradék *fn* reste *m*
maradni, időzni *i* rester
március *fn* mars *m*
marha *fn* bœuf *m*, bovin *m* -
márka, fajta *fn* marque *f*
mártás, lé *fn* sauce *f*
más(ik) *hat* autre
máshol *hat* ailleurs
másképp, máskülönben *hat* autrement
másnap lendemain *m*; **egyik napról a másikra** du jour au ~
második *fn* seconde *f*, deuxième
másodlagos *mn* secondaire; **középiskola**
másolat *fn* copie *f*
massza, tészta, pép *fn* pâte *f*
matematika *fn* mathématiques *tbsz*
matrac *fn* matelas *m*
matróz *fn* matelot *m*
meccs *fn* match *m*
medve *fn* ours *m*

még *hat* encore
megőrizni, tartósítani *i* conserver
megalit *fn* mégalithe *m*
megállitani *i* arrêter; **megállni** s'~
megálló(hely) *fn* arrêt *m*
megbénítani *i* paralyser
megbízás, jutalék *fn* commission *f*
megbízható *mn* sûr; **természetesen!** bien ~!
megbocsátani, kimenteni *i* excuser; **elnézést v. bocsánatot kérni** s'~
megbüntetni *i* punir, pénaliser
megcsalni vkit, csalni *i* tromper; **tévedni** se ~
megcsókolni *i* embrasser
megelőzőleg *hat* avant
megengedni, engedélyezni *i* permettre
megérkezni *i* arriver
megfejteni, feloldani vmit *i* résoudre
megfertőzni szennyezni *i* polluer
megfogni, elfoglalni, venni (be~) vmit, *i* prendre
megfojtani *i* étrangler; **fulladozni** s'~
meghallani, hallani *i* entendre
meghalni *i* décéder
meghatni *i* émouvoir, **meghatódni** s'~
meghinteni, szórni (sóval, cukorral) *i* saupoudrer *v*
meghívó, hívás *fn* invitation *f*
meghívott (vendég) *fn* invité *m*
meghökkenni *i* étonner, **elcsodálkozni vmin** s'~
megijeszteni *i* effrayer; **megijedni** s' effrayer
mégis, is *fn/mn* même; **ugyanaz** la ~ chose; **ejnye! mégis!** quand ~! **én magam** moi-~
mégis, mindamellett *konj* néan*moins*
megismételni újrakezdeni *i* recommencer

megköszönni *i* remercier; **elbocsátani vkit az állásából**
meglepetés *fn* surprise *f*
megmenekülni vmitől *i* échapper; **kicsúszni vmiből, vhonnan**
megmérgezni *i* empoisonner
megmotozni, kutatni *i* fouiller
megnyugtatni *i* rassurer
megöregedni *i* vieillir
megóvni *i* abriter
megragadni, fogni, felfogni, lefogalni vmit *i* saisir
megrezzenni, remegni, megborzadni, reszketni *i* frémir
megróni (vkit) *i* blâmer
megsérteni, megbántani *i* vexer, **megsértődni** se ~
megszűnés *fn* cessation *f*
megszegni, megsérteni, áthágni, megerőszakolni *i* violer
megszépíteni, hamisítani, kifesteni *i* maquiller
megszökni, elillanni *i* enfuir
megszokszorozni, hatványozni, szaporítani *i* multiplier
megtakarítani, takarékoskodni, megkímélni *i* épargner
megtanulni, értesülni *i* apprendre
megtéríteni *i* rembourser
megtörölni (kifújni) az orrát *i* moucher; se ~
megtörténni, bekövetkezni *i* survenir
megválasztani *i* élire
megválni vmitől *i* débarrasser; **lerázni vkit, vmit** se ~ de

megvetni, lenézni vkit *i* mépriser
méh *fn* abeille *f*
méhhüvely *fn* vagin *m*
méhsör *fn* hydromel *m*
meleg *mn* chaud; **melegem van** j'ai ~
melegíteni (fel~) *i* chauffer, **fűteni, melegedni** se ~
melegség, forróság *fn* chaleur *f*
mell, mellkas, kebel *fn* poitrine *f*
melléknév *mn/fn* adjectif *m*
mellény *fn* gilet *m*
melltartó *fn* soutien-gorge *m*
mély, mélyreható, bensőséges *mn* profond
melyek? *névm* lesquels? lesquelles?
mélyhűtő (készülék) *fn* congélateur *m*
melyik? *névm* lequel? laquelle?
menekült *fn* réfugié *m*
menhely, pihenő, rejtekhely, búvóhely *fn* refuge *m*
menhir *fn* menhir *m*
menni, járni *i* aller
mennyezet *fn* plafond *m*
mennyiség *fn* quantité *f*
mennyország, paradicsom *fn* paradis *m*
mentőautó, sebesültszállító *fn* ambulance *f*
menteni *i* sauver; **elmenekülni** se ~
mentség, mentegetőzés *fn* excuse *f*
meny *fn* belle-fille *f*
menyasszony fiancée *f*
méreg *fn* poison *m*
merénylő, terrorista *fn* terroriste *m*
merészelni *i* oser
méret, mérték, ütem *fn* mesure *f*

mérleg *fn* balance *f*
mérni *i* mesurer
mérnök *fn* ingénieur *m*
mert *konj* parce que ()
mérték, fok, kulcs *fn* taux *m*
mese *fn* conte *m*
mesélni *i* conter
messze *hat* loin; **jóval, inkább** de ~
mester *fn* maître *m*
mesterség *fn* métier *m*
mészáros *fn*, **tapasztani, lezárni** *i* boucher *m*
méter, versmérték *fn* mètre *m*
méz *fn* miel *m*
mező *fn* champ *m*
mező(ség) *fn* lande *f*, prairie *f*
mezőgazdaság *fn* agriculture *f*
meztelen (házatlan) csiga *fn* limace *f*
meztelen *(fedetlen) mn* nu; *(levetkőztetett állapotban lévő)* déshabillé **mi?** *névm* quoi?; **mire jó?** à ~ bon?; **van amitől**..il y a de ~
mi, bennünket *névm* nous
mialatt, amikor *hat* alors que
miért? *névm* pourquoi; **miért?** ~ cela?; **miért ne?** ~ pas?
mihelyt, azonnal *hat* aussitôt
mikor? *hat* quand; **mégis** ~ même!
miközben, míg, mialatt. *konj* tandis que ()
milliárd *fn* milliard *m*
millió *fn* million *m*
minőség *fn* qualité *f*
minden *mn* chaque; **minden egyes alkalommal** ~ fois (que); **mindennap** ~ jour; **egész, teljes** tout, toute, tous, toutes; **minden nap** tous les

jours; **minden éjjel** toutes les nuits; **három óránként** toutes les trois heures; **mindketten** tous les deux; **hírtelen** ~ à coup; **hamarosan** ~ à l'heure; **rögtön** ~ de suite

Mindenszentek *fn* Toussaint *f*

mindenütt, mindenhol *hat* partout

mindig *hat* toujours

miniszter *fn* ministre *m*

mint, ahogy *el* comme

minta (öntő~), forma *fn* moule *f*

mirigy *fn* glande *f*

mise *fn* messe *f*

mocsár *fn* marais *m*

mód, stílus, eljárás *fn* manière *f*; **olyan módon...hogy** de ~ à; **finomkodás** ~s

mögött *el/hat* derrière; **hátul** *hat* arrière; **vissza** en ~

mogyoró *fn* noisette *f*

mogyoróhagyma *fn* échalote *f* (*Allium ascalonicum*)

moha *fn* mousse *f*

mohamedán *fn* musulman *m*

mókus *fn* écureuil *m*

monda, megjegyzés, szöveg, legenda *fn* légende *f*

mondani *i* dire; **úgyszólván, jóformán, szinte** pour ainsi dire

mondat *fn* phrase *f*

morzsa *fn* miette *f*

mosdótál *fn* lavabo *m*

mosni *i* laver; **kimosni** (*ruhát*); **elmosni, elmosogatni** (*edényt*)

mosogató (gép) *fn* lave-vaisselle *m*

mosógép *fn* lave-linge *m*
mosoly *fn* sourier, souris *m (ritka)*
mosolyogni *i* sourire
mosópor *fn* lessive *f*
most *hat* maintenant
mostoha(anya) *fn* belle-mère *f*
mostoha(apa) *fn* beau-père *m*
mostohafiú *fn* beau-fils *m*
moszat *fn* algue *f*
motor, hajtóerő *fn* moteur *m*
mozdulat, tett, gesztus, cselekedet *fn* geste *m*
mozdulni (el~), mozogni *i* bouger
mozgalmasság, élénkség *fn* animation *f*
mozgás, mozdulat *fn* mouvement *m*
mozgásérzeti terápia *fn* kinésithérapeute *m*
mozgássérült, csökkent képességű (szellemi, mozgás) *mn* handicapé **mozgásképtelenek** les ~s
mozi *fn* cinéma *m*
mulatságos *mn* amusant *a*
múlt *fn* passé *m*
munka *fn* travail *m*; *(alkalmazás)* emploi *m*
munkahiány *fn* chômage *m*; **munkanélkülinek lenni** être au ~
munkakerülő, naplopó, léhűtő *mn* fainéant
munkálatok *fn* travaux *mpl*
munkáltató, főnök *fn* employeur *m*; patron *m*
munkanélküli *fn* chômeur *m*
munkás *fn* ouvrier *m*
munkavállaló, alkalmazott *fn* salarié *m*
muskotályos bor *fn* muscadet *m*
mutáció, áthelyezés, tulajdonátruházás *fn* mutation *f*

mutatni, bemutatni vmit *i* montrer
múzeum *fn* musée *m*
műanyag *fn* plastique *m*
műbolygó *fn* satellite *f*
műhely *fn* atelier *m*
műkedvelő *fn* *amateur m*
műsor, program *fn* programme *m*
műsorszám *fn* numéro *m*
műszaki, technikai *mn* technique
műszer, eszköz, szerszám *fn* instrument *m*
művelet, vállalkozás, akció *fn* opération *f*
művész *fn* artiste *m*
művészet *fn* art *m*

N

nadrág *fn* pantalon *m*
nadrágtartó, vállpánt, (bekötő~/összekötő~)út *fn* bretelles *f*
nagy, magas *mn* grand, **kövér** gros (-se)
nagybácsi *(tréfás) fn* tonton *m*
nagybácsi *fn* oncle *m*
nagybetű *fn* majuscule *f*
nagykorú, fő, nagyujj *mn* majeur
nagymama *fn* grand-mère *f*
nagynéni *fn* tante *f*
nagyon, igencsak *hat* très
nagypapa *fn* grand-père *m*
nagyszerű, gyönyörű *mn* magnifique
nagyszülők *fn* grands-parents *mpl*
nagyúr *fn* seigneur *m*
naiv, romlatlan, ártatlan, együgyű *mn* innocent

-nál, -nél *(hely/ helyzet), (vki részére/számára)* **-nak;-nek** *el* à; **gyermekeimnek** à mes enfants
-nál, -nél *el* chez **hazatérni** aller ~ soi
nap *(égitest) fn* soleil *m;(24h) la journée f; (naptári) fn* jour *m*; **munkanap** ~ ouvrable; **minden nap** chaque ~, **naponta** par ~; **nyolc nap** huit ~s
napernyő *fn* parasol *m*
napilap *fn/mn* quotidien
naponként *hat* quotidiennement
naptár *fn* calendrier *m*
narancs *fn* orange *m*
nász, esküvő, menyegző *fn* noce *f*
nátha *fn* rhume *m*
náthás *mn* enrhumé
nedves, nyirkos *mn* humide
nedvesíteni (be~/át~) *i* mouiller; **beleavatkozik, felelősséget vállal** se ~
nedvesség, nyirkosság *fn* humidité *f*
négy *szn* quatre
negyed *fn* quart *m*; **negyed óra** ~ d'heure
negyedév *fn* trimestre *m*
negyedik *szn* quatrième
négyszögletes, pontos *mn* carré
negyven *szn* quarante
néha, olykor *mn* parfois
néhány *mn* quelque *indéf*; **valami** ~ chose
nehéz *mn* difficile *(lásd még: súlyos)*
nehézség *fn* difficulté *f*
nélkül *el* sans; **valószinüleg, minden bizonnyal** ~ doute; **különben** ~ quoi **szünet nélkül** sans cesse
nem *hat* non; ne, ne (non) + *ragozott ige*; **inkább nem mennék oda** je préfère ~ pas y aller; **akar**

arkarja akar nem que vous vouliez ou pas; **sem** ~ plus
nem, sem, semmi *hat* pas; **semmi nesz**~ un bruit
nem, szeméremtest *fn* sexe *m*
néma, hangtalan *mn* muet
nemes *mn* noble
német *fn/mn* allemand(e) *m/f*
Németország *tn* Allemagne *f*
nemigen *hat* guère
nemsokára *hat* bientôt **à ~!**
nemzet *fn* nation *f*
nemzeti *mn* national
nemzetközi *mn* international
nép, népség *fn* peuple *m*
népesség, lakosság *fn* population *f*
népies, népi, népszerű *mn* populaire
név, cím, megnevezés *fn* nom *m*; **családi név** ~ de famille
nevelés, tanítás, oktatás *fn* éducation *f*
nevelni, felhúzni, gondozni, emelni *i* élever
nevetés, kacagás *fn* rire *m*
nevetni, kacagni *i* rire
nevetséges *mn* comique
nevezni(meg- /ki~/el~) *i* nommer
néző, szemlélő *fn* spectateur *m*
nézet *fn* vue *f*
nézni *i* regarder
normális, rendes, szabályos *mn* normal
növekedés *fn* croissance *f*
november *fn* novembre *m*
növény *fn* plante *f*; **gyógynövény** ~ médicinales
nő, feleség *fn* femme *f*
nőies, asszonyos *mn* féminin

nőni (fel~/meg~), felserdülni *i* grandir
nőstény *fn* femelle *f*
nőtlen *mn* célibataire
nukleáris *mn* nucléaire
nulla, semmi *fn* zéro *m*; **tartalmatlan, érvénytelen** *mn* nul; **semerre, sehol** ~le part
nyáj, csorda *fn* troupeau *m*
nyak *fn* cou *m*
nyakkendő *fn* cravate *f*
nyaklánc, nyakék, örv, *fn* collier *m*
nyakszirt, tarkó *fn* nuque *f*
nyalánk, falánk, torkos *mn* gourmand
nyalni *i* lécher
nyalóka *fn* sucette *f*
nyár *fn* été *m*
nyárfa, jegenye *fn* peuplier *m*
nyelv *fn* langue *f*
nyelvtan *fn* grammaire *f*
nyerni, elérni vmit *i* gagner
nyers *mn* cru
nyers(esség) / saláta *fn* crudités *fpl*
nyíl, csúcs, toronycsúcs *fn* flèche *f*
nyíltszívuã, közvetlen, szókimondó *mn* franc
nyilvánvalóan hat évidemment
nyitni, (ki~) *i* ouvrir; **nyílni, (ki~)** s'~
nyitott, nyílt, fogékony ouvert *a*
nyolc huit
nyolcvan *szn* quatre-vingt; **kilencven** ~ dix
nyom, vonal *fn* trace *f*
nyomás, sürgetés *fn* pression *f*; **vérnyomás** ~ artérielle
nyomni (meg~/le~) *i* appuyer
nyomorék, béna, rokkant *mn* infirme

nyomorúság, kín, ínség *fn* misère *f*
nyomtatni, rányomni *i* imprimer
nyugat *fn* ouest *m*
nyugdíj, visszavonultság *fn* retraite *f*; **nyugdíjba menni** prendre sa ~
nyugodt, békés *mn* tranquille
nyugtalanság *fn* inquiétude *f*
nyugtatni (meg~), enyhíteni *i* calmer **lecsillapodni** se ~; **csillapítani** (éhséget, szomjúságot)
nyugtató *mn* calmant
nyújtani, adni, felajánlani, megajándékozni *i* offrir
nyúl *fn* lapin *m*
nyúlós, ragadós, ragacsos *mn* gluant

O

o, ó
óceán *fn* océan *m*
Oceánia *tn* Océanie *f*
ok *fn* cause *f*; **vmi miatt** à ~ de
ok, érv, ész, értelem *fn* raison *f*; **igaza van** il a ~
okozni vkinek vmit *i* causer
oktatás, tanítás, tanulság *fn* enseignement *m*
oktatni, tanítani *i* enseigner
oktató, tanár *fn* enseignant *m*
október *fn* octobre *m*
olaj *fn* huile *f*
olajbogyó *fn* olive *f*
olasz *mn* italien
Olaszország *tn* Italie *f*

olcsó *mn* bon marché
oldal *fn* côté *m*; **vki, vmi mellett** à ~ (de)
oldal *(könyv) fn* page *f*; **hajóoldal** *fn* flanc *m*
olló *fn* ciseaux *tbsz*
ólom, biztosíték *fn* plomb *m*; **ólommentes benzin** sans ~
olvadni (el~/le~/fel~/ki~) *i* fondre; **könnybe lábad a szeme** ~ en larmes
olvasni *i* lire
olvasó *fn* lecteur *m*
olyan, amelyik, némelyik *mn* tel; **egy bizonyos napon** ~ ou ~ jour
olykor, időnként *hat* quelquefois
-on, -en *(hely/ helyzet) el* à
-on, -en, -ön *el* sur
onnan, abból, ebből, belőle, arról, erről, róla attól ettől *névm* en
operálni, eszközölni, eljárni *i* opérer
óra (inga~) *fn* horloge *f*, **karóra** montre *f*
óra *(idő) fn* heure *f*; **korán** de bonne ~; **hány óra van?** quelle ~ est-il?; **hat óra** il est six ~s; **nemsokára** tout à l'~
óralap *fn* cadran *m*
ordítani, üvölteni, vonítani, süvölteni *i* hurler
óriási, hatalmas *mn* immense
orkán, szélvész *fn* ouragan *m*
orosz *fn* russe *m (nyelv)*
oroszlán *fn* lion *m*
orr *fn* nez *m*
orrlyuk *fn* narine *f*
ország *fn* état *m*, royaume *m*, pays *m*
országgyűlés, parlament *fn* parlement *m*
orvos *fn* médecin *m*

orvostan *fn* médecine *f*
ostoba *mn* sot ~, gourd(~e)
ostobaság, balgaság *fn* sottise *f*
oszlop *fn* colonne *f*; **hasábcikk**; **gerinc** ~ vertébrale
osztály *fn* classe *f*
osztályozni, rangsorolni *i* classer
osztani (el~/ fel~) *i* diviser
osztani (meg~) *i* partager
osztriga *fn* huître *f*
óta *el* dès; **mihelyt** dès que;**vmitől kezdve / fogva** *el* depuis **amióta** ~ que
ott *hat* là; là-bas; *(távol)* **az az ember** cet homme-~
otthon, tűzhely, gyújtópont *fn* foyer *m*
óvakodni vmitől *i* méfier; (se ~);(~ de)
óvatos, elővigyázatos *mn* prudent
óvatosság, gond, óvintézkedés *fn* précaution *f*; **elővigyázatosnak lenni** prendre ses ~s; **óvatosan** avec ~
óvszer *fn* préservatif *m*
oxigén *fn* oxygène *m*
ózon *fn* ozone *m*

Ö

öblíteni *i* rincer
öböl *fn* baie *f*
ököl *fn* poing *m*
ökologia *fn* écologie *f*
ölni (meg~/le~) *i* tuer; **(balesetben) meghalni** se ~, **öngyilkosnak lenni** se suicider
öltöny *fn* costume *m*

öltözködés, magatartás, ruha *fn* tenue *f*
öltözni, felruházni *i* habiller; **s'~**
öngyilkos *fn* suicide *m*
öngyújtó *fn* briquet *m*
önmaga *névm* soi
ördög *fn* diable *m*
öreg, vén *fn/mn* vieux *m*, vieille *f*
öregség, vénség *fn* vieillesse *f*
örökség *fn* héritage *m*
öröm, vidámság, gyönyör *fn* joie *f*
összeadás, pótlék, számla (éttermi ~) *fn* addition *f*
összehasonlítani *i* comparer
összehasonlítás *fn* comparaison *f*; **vmihez képest** en ~ de
összekeverni, belevinni vmit vmibe *i* mêler; **belekeveredni vmibe** se ~ (de)
összes, minden *névm* chacun **mindenkinek megvan a magá(é)** ~le sien
összeszedni (be~), adatokat szerezni *i* recueillir
összeütközés *fn* collision *f*
ösvény, gyalogút *fn* chemin *m*; **vasút** ~ de fer
öt *szn* cinq
ötödik, ötöd *mn* cinquième
ötven *szn* cinquante
öv *fn* ceinture *f*; **biztonsági öv** ~ de sécurité
övé *(az ~ + tbsz) névm* ses *poss*
övé *névm* sien; **az övé** le ~; la ~ne; **övék** les ~*s*
övé, az ő (vmije) *névm* sa *(à lui, à elle)*
övék, övéik *névm* leur; le (les) ~
özvegy *fn/mn* veuf

Ő

ő, őt *névm (hímnemű)* lui; *(nőnemű)* elle; **add (oda) neki** donne ~ *(à ~), (à elle)*
ő,/az, ők/azok *névm* il; ils; elles; **esik** ~ pleut; **meleg van** ~ fait chaud
ők *névm* eux
ők, valaki *(határozatlan) névm* on; **(ők) úgy vélik, hogy** on pretend que
őr, portás *fn* gardien *m*
őrizet, őrzés, ügyelet *fn* garde *f & m*
őrizni (meg~), tartani *i* garder
őrület, őrültség, téboly, bolondság, szeszély, hóbort *fn* folie *f*
őrült, bolond *mn* fou, folle
ősz *fn* automne *m*
őszibarack *fn* pêche *(fruit) f*
övé, ő (az övé) *névm* son *(à lui), (à elle)*
őz *fn* chevreuil *m*

P

pad *fn* banc *m* **homokzátony** ~ de sable
padlás *fn* grenier *m*
padló, födém *fn* plancher *m*
páfrány, haraszt *fn* fougère *f*
pajta, csűr *fn* grange *f*
pajtás, haver *fn* copain *m*
pala (~tábla) *fn* ardoise *f*
palacsinta *fn* crêpe *f*
palacsintasütő *fn* crêperie *f*

pálca (séta~), bot, nád *fn* canne *f*, **horgászbot** ~ à pêche
pálinka *fn* eau-de-vie *f*
palota *fn* palais *m (édifice)*
pályaudvar *fn* gare *f*
pályázat *fn* concours *m*
pamut *fn* coton *m*
panasz, feljelentés *fn* plainte *f*; **vádat emelni** porter ~
pap *fn* prêtre *m*
pápa *fn* pape *m*
papír *fn* papier *m*; **WC-papír** ~ hygiénique
papirsárkány, szarvas-bogár *fn* cerf-volant *m*
papucs *fn chausson m*
pár *fn* paire *f*
pár, (emberpár) *fn* couple *m*
paradicsom *fn* tomate *f*
parancsnok *fn* capitaine *m*
paraszt *fn* paysan *m*
páratlan *mn* impair
park *fn* parc *m*
parkolni *i* garer
parkoló (hely) *fn* parking *m*
párna *fn* coussin *m*
párologni, trágyázni *i* fumer; **füstölni, dohányozni** *(tabac)*
part *fn* côte *f*, rive *f*, bord *m* **tengerpart** *(de mer)*
párt *fn* parti *m*
pástétom *fn* pâté *m*
pasztilla *fn* pastille *f*
patak *fn* ruisseau *m*
patkány *fn* rat *m*
pazarolni (el *i* gaspiller

pázsit *fn* pelouse *f*
pedálozni *i* pédaler
pedig, mégis, de azért *hat* pourtant
pehely *fn* flocon *m*
pék *fn* boulanger *m*
pékbolt, sütőde *fn* boulangerie *f*
példa *fn* exemple *m*; **például** par ~
penészes, dohos *mn* moisi
penge (kés~) *fn* lame *f*
péntek *fn* vendredi *m*
pénz *fn* argent *m*
pénztár *fn* caisse *f*, guichet *m*
pénztárca *fn* porte-monnaie *m*
pénztáros *fn* caissier *m*
pénzváltás *fn* change *m*
pép, lé *fn* bouillie *f*
per *fn* procès *m*
perc, ívperc *fn* minute *f*
periódus, ciklus *fn* cycle *m*
permet *fn* embrun *m*
petrezselyem *fn* persil *m*
pihenő, kuckó, lelőhely, fekvőhely *fn* gîte *m*; **éjjeli szállás**
pihenés, nyugalom *fn* repos *m*
pihenni *i* reposer; **nyugodni** se ~
pikkely *fn* écaille *f*
pillanat *fn* instant *m*; **ebben a pillanatban** à cet ~; **egy pillanat múlva** dans un ~,
pilóta, kormányos, minta- *fn* pilote *m*
pince *fn* cave *f*
pincér *fn* serveur *m*
pipa *fn* pipe *f*
piros, vörös *mn* rouge

pirula, tabletta *fn* cachet *m (orv)*
piszkos *mn* sale
piszok, szenny *fn* saleté *f*
pisztráng *fn* truite *f*
pizsama *fn* pyjama *m*
plakát *fn* affiche *f*
plakát *fn* pancarte *f*
plébánia, hítközség *fn* paroisse *f*
plébános *fn* curé *m*
plusz, több *hat* plus; **nagyobb mint a** ~ grand (que); **a legnagyobb** le ~ grand; **(fel~/meg~)nőni** devenir ~ grand;**egyre inkább** de ~ en ~; **egyre nagyobb** de ~ en ~ grand; **nem dolgozik többé** il ne travaille ~; **se, sem, sincs** non ~
pofa, orca *fn* joue *f*; *(ha állat)* **pofa, torok, száj** *fn* gueule *f*
pofon *fn* gifle *f*
pók *fn* araignée *f* **tengeri pók** ~de mer
pokol *fn* enfer *m*
polc *fn* étagère *f*
polgármester *fn* maire *m*
politika(i) *fn/mn* politique *f*
pompa, fény, fényűzés *fn* luxe *m*
pont, jegy, osztályzat *fn* point *m*
pontos, helyes *mn* exact, précis
pontosan *hat* précisément
pontosítani, megjelölni, rámutatni *i* préciser
por *fn* poussière *f*, poudre *f*
póréhagyma *fn* poireau(x) *m*
porszívó *fn* aspirateur *m*
posta, állomás, hivatal, őr *fn* poste *f*
postabélyegző *fn* cachet *m*

postai *mn* postal
postás, tényező *fn* facteur *m*
pót- csere- tartalék- *fn* rechange *m*; **tartalék alkatrész** pièce de ~
pózna, oszlop, cölöp, dúc *fn* poteau *m*
préselt, sürgős pressé *a*; **sietek!** je suis ~!
próba, megpróbáltátás *fn* épreuve *f*
próba, tanulmány *fn* essai *m*
próbálni, megpróbálni *i* essayer (de)
probléma, baj, kérdés *fn* problème *m*
professzor, tanár *fn* professeur *m*
prostituált, kurva *fn* prostituée *f*
protestáns *fn/mn* protestant *a* & *m*
puha, puhány, ernyedt *mn* mou, *molle*
pulóver *fn* pull-over *m*
pult *fn* comptoir *m*
pünkösd *fn* Pentecôte *f*
púp, domborodás *fn* bosse *f*
püré *fn* purée *f*
puska *fn* fusil *m*
püspök *fn* évêque *m*

R

-ra, -re *(hely/irányváltoztatás) el* à
rábeszélni, meggyőzni *i* convaincre
rádió, átvilágítás *fn* radio *f*
radioaktív *mn* radioactif
ragadós *mn* collant **harisnya** bas
ragasztani (le~) *i* coller, **(oda~/hozzà~)simulni, rátapadni** se ~

ragasztó *fn* colle *f*
rágni *i* mâcher
ragyogni *i* briller
rajz *fn* dessin *m*; **rajzfilm** dessins animés
rajzolni *i* dessiner
rák *fn* cancer *m (orv)*
rakéta *fn* fusée *f*
rakni vmire *i* charger
rakomány *fn* cargaison *f*
rakpart *fn* quai *m*
ránc *fn* ride *f*
rárontani *i* foncer, **rátörni vkire** sur qqn
ravasz, furfangos *mn* rusé
rázkódás, reszketés *fn* frisson *m*
rázni (fel~/le~/össze~) *i* secouer
recept (orvosi), rendelvény *fn* ordonnance *f*
redukció, csökkentés, mérsékelés *fn* réduction *f*
reflex *fn* réflexe *m*
refrén *fn* refrain *m*
reggel *fn* matin *m*
régi *mn* ancien
rejtély, titokzatosság *fn* mystère *m*
rejteni (el~ vmit) *i* cacher **elrejtőzni** se ~
rejtett *mn* caché
rekedt *mn* enroué
rekesz *fn* casier *m*; **bűnügyi nyilvántartó** ~ judiciaire
rekettye *(Cytisus) fn* genêt *m*
rekord, csúcs *fn* record *m*
remekmű *fn* chef-d'œuvre *m*
remény *fn* espoir *m*
rémkép *fn* cauchemar *m*
rémület, borzalom *fn* épouvante *f*

rend, sorrend, parancs *fn* ordre *m*
rendőr *fn* policier *m*
rendőrség *fn* police *f*
rendelő (orvosi) *fn* cabinet *m*
rendes *mn* correct
rendetlenség *fn* désordre *m*
rendezni (el~), elrakni *i* ranger
rendkívüli, páratlan *mn* extraordinaire
rendszer, berendezés *fn* système *m*
rengés, reszketés, didergés *fn* tremblement *m*; **földrengés** ~ de terre
répa, sárgarépa *fn* carotte *f*
repkény, borostyán *fn* lierre *m*
repülő, pilóta *fn* aviateur *m*
repülőgép *fn* avion *m*
repülőtér *fn* aéroport *m*
repülés *fn* vol *m*
repülni *i* voler
rész *fn* part *f*; **vminek a részéről** de la ~ de; **sehol, semerre** nulle ~; **valahol** quelque ~
rész, részleg *fn* partie *f*; **játszma** *(játék)*
részeg *fn* ivrogne *m*; *mn* soûl, ivre; **holtrészeg, tokreszeg** ~-mort
reszketni, remegni, rezegni *i* trembler
részleg, metszés, szakasz, szak *fn* section *f*
részlet *fn* détail *m*; **részletesen** en détail
részt venni vmiben *i* participer
részvétlen, közönyös *mn* indifférent
részvétnyilatkozat *fn* condoléances *pl*
rét *fn* pré *m*
retek (hónapos) *fn* radis *m*
rettenetes, rémes *mn* terrible
reuma *fn* rhumatisme *m*

rév, tengeri kikötő *fn* rade *f*
réz *fn* cuivre *m*
rigó *fn* merle *m*
riport, tudósítás *fn* reportage *m*
riporter, tudósító *fn* reporter *m*
ritka *mn* rare
ritmus, lendület, tempó *fn* rythme *m*; **az ő ~ához (képest)** à son ~
rizs *fn* riz *m*
robogó *fn* cyclomoteur *m*
robot *fn* robot *m*
rögtön, közvetlenül *hat* immédiatement
róka *fn* renard *m*
rom, romlás, pusztulás *fn* ruine *f*; **összeomlani** tomber en ~s
rombolás, pusztítás *fn* destruction *f*
rombolni *i* démolir
rongy *fn* chiffon *m*; **mosogató~** *fn* torchon *m*
rossz *hat* mal; **rosszabbul** plus ~; **a legrosszabb** le plus ~
rossz *mn* mauvais
rosszabb *mn* pire; **a legrosszabb** le ~
rosszabbul *hat* pis; **sebaj!** tant ~!
rost *fn* gril *m*
rothadni, poshadni, korhadni *i* pourrir
rothadt, korhadt *mn* pourri
rovar *fn* insecte *m*
rövid *mn* court
röviden *hat* brièvement
rövidítés *fn* abréviation *f*
rozs *fn* seigle *m*
rózsa *fn* rose *f*
rozsda *fn* rouille *f*

rugalmas *mn,* **gumi(~zsinór/~kötél)** *fn* élastique *m*
ruha *fn* vêtement *m,* robe *f,* habit *m*
ruhaanyag *fn* linge *m* **fehérnemű**

S

sajnálat, bánkódás *fn* regret *m*
sajnálni vkit *i* plaindre; **panaszkodni** se ~
sajnálni, fájlalni *i* regretter
sajnos *hat* malheureusement; **sajnos!** *fel* hélas!
sajt *fn* fromage *m*
sakk *fn* échecs
sál *fn* écharpe *f*
saláta *fn* salade *f*
sánc, periféria *fn* rocade *f*
sánta *mn* boiteux
sántítani *i* boiter
sápadt, halvány *mn* pâle
sapka (sí~) *fn* bonnet *m, (katona~)* casquette *f*
sár, iszap *fn* boue *f*
sárga *mn/fn* jaune
sárgabarack *fn* abricot *m*
sarok (cipő~) *fn* talon *m*
sarok, szöglet, szemszög, (mat) szög, (óra~/beesési~) szög *fn* angle *m*
sas *fn* aigle *m*
sátor *fn* tente *f*
sáv, tartomány, övezet, térség *fn* zone *f*
savanyú *mn* aigre
se, sem *konj* ni
seb *fn* blessure *f,* plaie *f*

sebesség, gyorsaság *fn* vitesse *f*
sebész *fn* chirurgien *m*
sebészet *fn* chirurgie *f*
sebhely *fn* cicatrice *f*
segéderő, segély, segítség *fn* secours *m*; **segítség!** au ~ / à l'aide!
segélynyújtó, (első~) *fn* secouriste *m*
segg, üllep *fn* cul *m*
segíteni *i* aider
segíteni vkinek *i* secourir
segítség *fn* aide *f* **segítség!** à l'aide! / au secours!
sekély (víz) *mn* bas; **alvilág** bas-fonds
semmi *névm* rien
semmiség *fn* néant *m*
seperni *i* balayer
seprű *fn* balai *m*
sérteni *i* blesser
sértés *fn* insulte *f*
sertés, disznó *fn* porc *m*; **disznóhús** viande de ~
sértés, szidalom, szitok *fn* injure *f*
séta, sétány *fn* promenade *f*; **kóborolni, sétát tenni** faire une balade *f*
sétáltatni, megjártatni *i* promener, **sétálni** se ~
sí (~talp) *fn* ski *m*
sietni *i* dépêcher; *se* ~
siker *fn* succès *m*
sikerrel járni, boldogulni *i* réussir
síkos, csúszos, sikamlós *mn* glissant
síkság, lapály *fn* plaine *f*
sima *mn* lisse
simogatás *fn* caresse *f*
simogatni *i* caresser
sín *fn* rail *m*

sír, sírhely *fn* tombe *f*
sirály *fn* goéland *m*
sirám, panasz *fn* complainte *f*
sírni *i* pleurer
sisak, (bukó~) *fn* casque *m*
Skócia *tn* Écosse *f*
skót *mn* écossais
só *fn* sel *m*
soha *hat* jamais; **örökre** à ~
sok *hat* beaucoup, **vmiből sok** beaucoup de..
sokadik *szn* unième
sokáig *hat* longtemps; **addig ameddig** aussi ~ (que); **valamikor**, **régóta** il y a ~
sokk *fn* choc *m*
sonka *fn* jambon *m*
sör *fn* bière *f*
sor, rang, rend *fn* rang *m*
sorozat, széria *fn* série *f*
sors *fn* sorte *f*
sós *mn* salé
sötét, homályos, komor *mn* sombre, foncé *(szín)*
sötétség, homály(osság) *fn* obscurité *f*
sovány *mn* maigre
sövény *fn* haie *f*
sózni (be~ /meg~) *i* saler
spanyol *fn* espagnol *m*
Spanyolország *tn* Espagne *f*
spárga, zsineg *fn* ficelle *f*
sport *fn* sport *m*
sportos *mn* sportif
sportpálya, fokozat *fn* stade *m*
stabilis, tartós, lerögzített *mn* stable
strand *fn* plage *f*

sugár, kerékküllő, könyvespolc, ügy *fn* rayon *m*
süket *mn* sourd
sülni *i* frire
sült hasábburgonya, **burgonyaszirom** *fn* frite *f*
sült, főtt *mn* cuit
sült, pecsenye *fn* rôti *m*
súly, teher *fn* poids *m*
súlyos *(eset)*, **komoly** *mn* grave **súlyos, terhes, nehéz, esetlen, fülledt, lomha** *mn* lourd
sün *fn* hérisson *m*
sünzanót *fn* ajonc *m (Ulex Europaeus)*
sürgős, halaszthatatlan, sietős *mn* urgent; il est ~ (de)
sürgetni, erősködni, firtatni *i* insister
sürgetni, siettetni *i* hâter, se ~
sütemény *fn* pâtisserie *f*
sütni, főzni *i* cuire
suttogás, mormogás *fn* murmure *m*
Svájc *tn* Suisse *f*
szabásminta *fn* patron *m*
szőlő *fn* raisin *m*
szőnyeg *fn* tapis *m*
szőr *fn* poil *m*
szőrös *mn* poilu
szabad libre *a*; **szabadidő** temps ~, **szabadság** *(nyári)* congé *m*
szabadság *fn* liberté *f*
szabály, vonalzó *fn* règle *f*; **menstruáció** ~s
szabályos *mn* régulier
szag *fn* odeur *f*
szagtalanitó *fn* déodorant *m*
száj *fn* bouche *f*
szájpadlás *fn* palais *m (bouche)*

szakács *fn* cuisinier *m*
szakáll *fn* barbe *f*
szakasz, fázis *fn* étape *f*; **pihenő, állomás**
szakember *fn* spécialiste *m*
szakszervezet *fn* syndicat *m*
szál, fonal, erezet *fn* fil *m*; **cérna** du ~; **huzal**
szalag *fn* ruban *m*; **ragasztószalag** ~ adhésif; bande *f*; **rajzfilm** ~s dessinées
szálka (hal~) *fn* arête *f*
szállás, lakás *fn* logement *m*, appartement *m*
szállásolni (el/be), rakni vmibe *i* loger, **megszállni (lakásban)** se ~
szállítani (el/le), elküldeni, beadni vmit *i* livrer
szállítani, vinni, hordani, (el~) *i* transporter
szálloda, fogadó, hotel *fn* hôtel *m*; **városháza** ~ de ville
szalma *fn* paille *f*; **szalmaszál** une ~
szalon, társalgó *fn* salon *m*
szalvéta, törülköző, irattáska *fn* serviette *f*
szám *fn* nombre *m*
szamár *fn* âne *m*
számítás, számolás *fn* calcul *m*
számítógép *fn* ordinateur *m*
számítógép-technikus/mérnök *fn* informaticien *m*
számjegy *fn* chiffre *m*, numéro *m*
számla *fn* facture *f*, **éttermi** ~ *fn* addition *f*
számlálás *fn* compte *m*; **rájönni vmire** se rendre ~; **végül is** en fin de ~
számolni *i* calculer; compter; **számitani vmire, vkire** ~ (sur)
számológép *fn* calculatrice *f*
számos *mn* nombreux

szandál *fn* nu-pieds *m*
szándék, célzat *fn* intention *f*; **szándékában lenni valaminek** avoir l'~ (de)
szappan *fn* savon *m*
szar, mocsok *fn/fel* merde *f* **szart!** ~!
szár, rúd, szál *fn* tige *f*
száradni, szikkadni, aszalódni, elbliccelni *i* sécher
száraz *mn* sec, sèche
szardínia, sátorcövek *fn* sardine *f*
szarka *fn* pie *f*
szarni, kakálni *i* chier
szárny *fn* aile *f*
szarv *fn* corne *f*
szarvas *fn* cerf *m*
szavazás *fn* scrutin *m*
szavazat *fn* vote *m*
szavazni *i* voter
száz *szn* cent; **kb. 100** une centaine
százalék *fn* pour-cent *m (%)*
szeder *fn* mûre *f*
szedni (össze~) *i* recueillir, **fel~/le~, felemelni, felvenni** ramasser, **begyűjteni** récolter
szegény *mn* pauvre
szégyen *fn* honte *f*
szék *fn* chaise *f*
szekér *fn* charrette *f*
székesegyház *fn* cathédrale *f*
szekrény *fn* armoire *f*
szél *fn* vent *m*
széles, bő, tág *mn* large
szélesség, bőség *fn* largeur *f*
szelet *fn* tranche *f*

szelidgesztenye *fn* châtaigne *f*
szelidíteni (meg~) *i* apprivoiser
szellő *fn* brise *f*
szélroham *fn* rafale *f*
szem *fn* œil *m*, yeux *tbsz*
szembeállítani *i* opposer, **ellenkezni, ellenállni** s'~
szembesíteni *i* confronter
szemcse *fn* grain *m*
személy, egyén, ember, senki *fn* personne *f*
szemére hányni vkinek vmit *i* reprocher
szemét *fn* déchet *m*
szemétláda *fn* poubelle *f*
szeméttelep *fn* déchetterie *f*
szemfog *fn* canine *f*
szemhéj *fn* paupière *f*
szemöldök *fn* sourcil *m*
szempilla *fn* cil *m*
szemrehányás *fn* reproche *m*
szemüveg *fn* lunettes *tbsz*
szén *fn* charbon *m*
széna *fn* foin *m*
szenny *fn* ordure *f*; **szemét** ~s ménagères
szenny, piszok *fn* saleté *f*
szennyeződés *fn* pollution *f*
szennyezni piszkítani *i* salir; **beszennyezni** se ~
szent *mn* saint, sacré
szenvedés, fáradozás, ínség, erőfeszítés *fn* peine *f*
szenvedni *i* souffrir
szép *mn* beau, bel, belle
szeplő *fn* rousseur *f*; taches de ~
szépség *fn* beauté *f*

szeptember *fn* septembre *m*
szerda *fn* mercredi *m*
szerelő, gépész *fn* mécanicien *m*
szerelmes *mn* amoureux
szerencse *fn* chance *f*
szerencsére *hat* heureusement
szerencsétlenség *fn* catastrophe *f*
szerencsétlenség, csapás *fn* malheur *m*
szerep *fn* rôle *m*; **felváltva** à tour de ~
szerető *fn* maîtresse *f*
szeretet, szerelem *fn* amour *m*; **szeretkezni** faire l'~
szeretetreméltó, kedves, megnyerő *mn* gentil, aimable
szeretett, édes *mn* chéri*(e)*
szeretni *i* aimer
szerint (vmi ~, vki ~) *el* selon
szerkeszteni, tervezni, építeni *i* construire
szerszám, felszerelés *fn* outil *m*
szertartás *fn* cérémonie *f*
szerv *fn* organe *m*
szervező, lelkesitő *fn* animateur *m*
szervezés *fn* organisation *f*
szervezni *i* organiser
szerződés *fn* contrat *m*
szerzetes, barát *fn* *moine m*
szeszély *fn* caprice *m*
szétszedni, felfejteni *i* défaire
széttépni *i* déchirer; **elszakadni, gyötrődni** se déchirer
szétzúzni, összetörni *i* écraser
sziget *fn* île *f*
szigetcsoport *fn* archipel *m*

szigorú, szoros értelemben vett *mn* strict; **az elkerülhetetlenül szükséges** le ~ nécessaire
szigorúság, pontosság *fn* rigueur *f*; **szigorúan véve, legfeljebb** à la ~
szikla *fn* rocher *m*
sziklafal *fn* falaise *f*
sziklazátony, szikla, szirt *fn* récif *m*, brisant *m* **hullámtörő gát**
szikra *fn* étincelle *f*
szilva *fn* prune *f* **aszalt~** *fn* pruneau(x) *m*
szín *fn* couleur *f*
szín(tér), jelenet, színpad *fn* scène *f*
színész *fn* acteur *m*
színezni *i* colorer; **kifesteni** colorier
színház *fn* théâtre *m*; **színtér**
szint, szintező, színvonal *fn* niveau *m*
szintén, ennyire *hat* aussi
szirom *fn* pétale *f*
szitáló eső *fn* bruine *f*
szív *fn* cœur *m*; **kőr** *(kártya)*; **tiszta szívből** du fond du ~; **szivesen, önzetlenül** de bon ~; **fejből tudja** par ~
szivacs *fn* éponge *f*
szivar *fn* cigare *m*
szivárvány *fn* arc-en-ciel *m*
szivattyú, pumpa, dísz *fn* pompe *f*
szívbeteg *mn* cardiaque; **infarktus** crise ~
szívesen *hat* volontiers
szó *fn* mot *m*
szoba *fn* chambre *f*
szobor *fn* statue *f*
szociális, jóléti, társadalmi *mn* social
szoftver, program *fn* logiciel *m*

szög *fn* clou *m*
szöglet, sarok szemszög, (mat) szög, (óra~/beesési~) szög *fn* angle *m*
szökőkút *fn* fontaine *f*
szokás *fn* coutume *f*, habitude *f*
szökellés, szökkenés *fn* bond *m*
szökni, kifolyni *i* fuir
szoknya *fn* jupe *f*
szoktatni (hozzá~) *i* habituer s'~
szolgálni (ki~/fel~), szolgáltatni, osztani *i* servir; **kiszolgálja magát** se ~ (de); **semmi értemle sincs** ça ne sert à rien
szolgáltatás, ellátás *fn* service *m*
szolid, erős, strapabiró, alapos *mn* solide
szombat *fn* samedi *m*
szomjúság *fn* soif *f*
szomorú, bús *mn* triste
szomorúság, bánat *fn* chagrin *m*
szomszéd *fn* voisin *m*
szopni *i* téter
-szor, -szer, -ször *fn* fois *f*; **egyenként** à la ~
szórakozott *mn* distrait
szórakoztatni *i* divertir, amuser; **szórakozni** s'~
szorítani, húzni (össze~) *i* serrer; **kezet fog vkivel** ~ la main à
szörnyű *mn* affreux, abominable, horrible
szörnyűség, borzalom, iszonyúság *fn* horreur *f*
szótár *fn* dictionnaire *m*
szöveg *fn* texte *m*
szövet *fn* tissu *m*
sztrájk *fn* grève *f*
szűk, keskeny, szoros *mn* étroit
szűnni (meg~) *i* cesser

szükség *fn* nécessité *f*; **szükség esetén** en cas de ~

szükséges *mn* nécessaire; **szükséges (hogy)** il est ~ (que)

szükséglet *fn* besoin *m*

szükségszerűen *hat* nécessairement

szülő *fn/mn* parent *a & m*; **szülők** ~s *(apa és anya)*

születés, keletkezés *fn* naissance *f*; **szülni, életet adni vminek, vkinek** donner ~ (à)

születésnap *fn* anniversaire *m*

születni *i* naître

szülni *i* accoucher

szünet, pihenő *fn* pause *f*

szüretelni, szedni *i* récolter, cueillir

szürke *mn* gris

szúrni (meg~/be~), megcsípni, marni, tüzdelni *i* piquer

szűrni, rostálni *i* filtrer

szűrő *fn* filtre *m*

T

tábla, hirdetés *fn* panneau *m*

táblázat, rajz, kép, festmény, műszerlap *fn* tableau *m*

tabletta (orvosi) *fn* pilule *f*

tabletta *fn* comprimé *m*

tábor *fn* camp *m*

táborozni *i* camper

tag, végtag *fn* membre *m*

tagadni (el~/le~) *i* nier

tágítani, kiszélesíteni, bővíteni *i* élargir

tagosítás *fn* remembrement *m*
táj, ország *fn* pays *m*
tájékoztatni, felvilágosítást nyújtani *i* renseigner
tájoló, körző *fn* compas *m*
tajték, hab *fn* écume *f*
takarékosodni *i* économiser
takarni *i* couvrir
takaró, fedél *fn* couverture *f*
talaj, földszin *fn* sol *m*
találka, randevú *fn* rendez-vous *m*
találkozás *fn* rencontre *f*
találkozni *i* rencontrer
találni, meglelni *i* trouver
talán *hat* peut-être
tályog *fn* abcès *m*
támadás *fn* attaque *f*
tanács, tanácsadás *fn* conseil *m*
tanácsadó *fn* conseiller *m*
tanácsot adni vkinek *i* conseiller
tanár, professzor *fn* professeur *m*
tánc *fn* danse *f*, *(kétütemű francia népitánc (XVII-XVIII sz.))* *fn* gavotte *f*
táncolni *i* danser
tanfolyam, gyakorlat (iskolai, üzemi) *fn* stage *m*
tangóharmonika *fn* accordéon *m*
tanítani, oktatni *i* enseigner
tanítás, oktatás, tanulság *fn* enseignement *m*
tanító *fn* instituteur *m*
tanú *fn* témoin *m*
tanulmány, dolgozat, tanulás *fn* étude *f*
tanulni, tanulmányozni *i* étudier
tanuló, növendék, tanítvány *fn* élève *m*

tanya, gazdaság *fn* ferme *f*
tányér *fn* assiette *f*
tapintatlan, helytelen, szabálytalan *mn* incorrect
táplálék *fn* aliment *m* **étel, ennivaló, eledel** *fn* nourriture *f*, mets *m*,
táplálkozás *fn* alimentation *f*
táplálni, etetni *i* nourrir
tápsó, trágya *fn* engrais *m*
tapsolni *i* applaudir
tárca *fn* portefeuille *m*
tárgy *fn* objet *m*
tárgymutató, jelzőszám, mutatóujj *fn* index *m*
társ *fn* compagnon *m*
társadalom, vállalat, társulat, egyesület, társaság *fn* société *f*
társalgás *fn* conversation *f*
társalogni *i* converser
társaság *fn* compagnie *f*
társítani, összekötni *i* marier; **megházasodni** (se ~)
társulás, szövetség *fn* union *f*
tartalék, fedezet *fn* provision *f*
tartalmazni *i* comporter; **viselkedni** se ~
tartani vmit *i* tenir; **állva maradni** se ~ (debout); **nesze!** tiens!; **fogja!** tenez!
tartós *mn* durable
táska (iskola) *fn* cartable *m*
taszítani, lökni (fel~/félre~), *i* bousculer
tavasz *fn* printemps *m*
távcső *fn* jumelles *fpl*
távirányító (készülék) *fn* télécommande *f*
távol *mn* lointain
taxi *fn* taxi *m*

te *névm* toi, tu
tea *fn* thé *m*
technikus *fn* technicien *m*
téged(et), neked, számodra, magad(at), magad(nak) *névm* te
tégla *fn* brique *f*
tegnap *hat* hier
tehát *konj* donc
tehén *fn* vache *f*
teher *fn* charge *f*
tehergépkocsi *fn* camion *m*
teherszállító autó (kicsi) *fn* camionnette *f*
tej *fn* lait *m*
tekintet, pillantás, nézés *fn* regard *m*
teknősbéka *fn* tortue *f*
tél *fn* hiver *m*
telefon *fn* téléphone *m*; **telefonhívás** coup de ~; **~mobil** *fn* portable *m*
telefonálni *i* téléphoner
telep (ipar~/szén~/fa~) *fn* chantier *m*
telep *(biol) fn* colonie *f*; **lakótelep** *fn* cité *f*
televízió (készülék) *fn* téléviseur *m*, **televízió** *fn* télévision *f*
teli, tele, teljes *mn* plein; **embertömeg** ~ de (gens); **az éj közepén** en pleine nuit
teljes, megtelt *mn* complet
teljesen *hat* complètement
téma, alany, egyén *fn* sujet *m*
temető *fn* cimetière *m*
temetés *fn* enterrement *m*, funérailles *tbsz*
templom *fn* église *f*, temple *m*
tengely *fn* arbre *m*
tenger *fn* mer *f*

tengerész *fn* marin *m*
tengeri angolna *fn* congre *m (Leptocephalus conger)*
tengeri hajó *fn* navire *m*
tengeri rák *fn* crabe *m*
tengeröböl (kis) *fn* crique *f*
tenisz *fn* tennis *m*
tenni (rá~/fel~/el~/be~/oda~), rakni, helyezni vmit vhová, elrendezni *i* mettre
tény, dolog *fn* fait *m*
tenyészet *fn* culture *f*; **műveltség** *(civilizáció)*
tépni (ki~) *i* arracher
tér, hely, tisztség *fn* place *f*; **helyben** sur ~ **világűr** *fn* espace *m*
térd *fn* genou *m*
terem *fn* salle *f*; **fürdőszoba** ~ de bains, **váróterem** ~ d'attente; **ebédlő** ~ à manger
terhelt *mn* chargé, **megbízott** ~ de fonction
terhesség, terhes állapot *fn* grossesse *f*
terítő *fn* nappe *f*
termék, készítmény, képződmény, szer, gyártmány *fn* produit *m*
termékeny *mn* fertile
termés *fn* récolte *f*
természet, jellem, sajátosság *fn* nature *f*
természetes *mn* naturel
termeszteni, művelni *i* cultiver
termet, testmagasság *fn* taille *f*
terv *fn* projet *m*
test *fn* corps *m*
testes *mn* corpulent
tészta, pép, massza *fn* pâte *f*
tető, háztető *fn* toit *m*

tétovázni, ingadozni, habozni *i* hésiter
tetszeni *i* plaire; **legyen szives** s'il vous plaît
ti, ön *névm* vous
tied, tiéd *névm* ton, ta tien; **tieid** les ~s
tigris *fn* tigre *m*
tilos *mn* interdit; **hivatalosan** ~ formellement ~; **dohányozni tilos** il est ~ de fumer
tiltani, meg~/betiltani *i* interdire
tinta *fn* encre *f*
típus *fn* catégorie *f*
tiszta *mn* pur
tiszta, saját *mn* propre
tisztázni *i* débrouiller; **boldogulni** se ~
tisztelet *fn* respect *m*
tiszteletben tartani, kímélni vmit, vkit *i* respecter
tiszteletnyilvánítás, hódolat *fn* hommages *m tbsz*
tisztelni (meg~), kitüntetni, megbecsülni *i* honorer
tisztességes *mn* décent
tisztítani (le~/meg~/), (ki)takarítani *i* nettoyer
tisztviselő *fn* fonctionnaire *m*
titkár, (~nő) *fn* secrétaire *m*
titkos, tilalmas, rejtett *(helyzet) mn* clandestin
titok *fn* secret *m*; **titokban, alattomban** en ~
tíz *szn* dix, **tizenegy** onze, **tizenkettő** douze, **tizenhárom** treize, **tizennégy** quatorze, **tizenöt** quinze; **tizenhat** seize, **tizenhét** ~-sept; **tizennyolc** ~-huit; **tizenkilenc** ~-neuf
tó *fn* étang *m*, lac *m*
több, többen *névm* plusieurs
többes szám *fn* pluriel *m*
többnyire *hat* plupart; **általában** la ~ du temps
tócsa, kacsaúsztató *fn* mare *f*

tőgy fn pis *m*
tojás *fn* œuf *m*
tok, felszerelés *fn* trousse *f*
tökéletes *mn* parfait
tökéletes, kifogástalan, hibátlan *mn* impeccable
-tól, -töl, -től, -nál, -nél, -nak, -nek *el* de
toldalék, hosszabbító *fn* rallonge *f*
tölgyfa *fn* chêne *m*
toll *(madár~) fn* plume *f*
toll *(töltőtoll, golyóstoll) fn* stylo *m*
tolmács, alakító *fn* interprète *m*; **tolmácsként szerepelni** servir d'~
tolni *i* pousser; **növekedni** croître; **kiáltani** crier
tölteni (ki~/be~/tele~) *i* remplir, **megtelni** se ~
tolvaj *fn/m* voleur *a & m*
tömeg, ember~/néptömeg, sokaság *fn* foule *f*
tömör, sűrű *mn* compact
tonhal *fn* thon *m*
tonna *fn* tonne *f*
töprengeni vmin, törődik vmivel *i* soucier (se)
tor, mellkas *fn* thorax *m*
törékeny, érzékeny *mn* fragile
torlódás, dugó *fn* embouteillage *m*
torna, műtorna *fn* gymnastique *f*
törni (el/fel/le/össze) *i* casser; **elszakadni** se ~
torok, szurdok *fn* gorge *f*
törölni (meg~) vmit *i* essuyer
torony *fn* tour *f*
törött *mn* cassé
törpe *fn* nain *m*
torta, sütemény *fn* gâteau *m*; *fn* tarte *f* **habos torta** ~ à la crème
történet, történelem *fn* histoire *f*

törvény *fn* loi *f*
törvényes, jogos, szabad, legális *mn* légal
törvényszék, biróság *fn* tribunal *m*
törzs, persely *fn* tronc *m*
továbbá, azután *hat* ensuite
tőzsde *fn* bourse *f*
trágya *fn* fumier *m*
traktor *fn* tracteur *m*
tréfa, vicc, móka *fn* plaisanterie *f*
tréfálni, viccelni, humorizálni *i* plaisanter
tréfás *mn* drôle
trikó *fn* maillot *m*; **fürdőruha, fürdőnadrág** ~ de bain
tucat *fn* douzaine *f*
tüdő *fn* poumons *m tbsz*
tudni *i* savoir
tudomány, tudás, bölcsesség *fn* science *f*
tudományos *mn* scientifique
tudós, bölcs *mn* savant
tükör *fn* miroir *m*, glace *f*; **fagylalt** *(dessert)*
túl (vmin/azon~) *hat* au-delà
túl, túlságosan *hat* trop
tulajdonos *fn* propriétaire *m*
tülkölni, dudálni *i* klaxonner
tülök, duda, autóduda *fn* klaxon *m*
türelem, béketűrés *fn* patience *f*
turista *fn* touriste *m*
turné *fn* tournée *f*
tüske, tövis *fn* épine *f*
tüsszenteni *i* éternuer
tyúk *fn* poule *f*
tű (varró~) *fn* aiguille *f*
tű, gombostű, hajtű *fn* épingle *f*

tűz, lámpa *fn* feu *m*
tűz, tűz(vész) *fn* incendie *m*
tűzhányó *fn* volcan *m*
tűzoltó *fn* pompier *m*
tűzoltókészülék *fn* extincteur *m*

U, Ú

udvar *fn* cour *f*; **bíróság** cour de justice; **udvarolni** faire la cour
üdvözlés, bemutatkozó *fn* bienvenue *f*
ugatni *i* aboyer
ugrani *i* sauter
ugrás *fn* saut *m*
ugyanúgy, ugyanennyi(t) *hat* autant
ugyanakkor *hat* cependant
ugye? *fel* hein?, **ugyebár?** n'est-ce pas?
új *mn* neuf, neuve, nouveau, nouvel, nouvelle; **hír** de ~
újdonság *fn* nouvauté *f*
ujj *fn* doigt *m*
ujj, kabátujj, fogantyú, nyél *fn* manche *f*
újonnan, nemrég *hat* récemment
újság, hírlap *fn* journal *m*
újság, novella, hír *fn* nouvelle *f*
újságíró *fn* journaliste *m*
unalmas, bosszantó *mn* ennuyeux
unalom *fn* ennui *m*; **bosszúság, gond** ~s
undorító, visszataszító, elriasztó *mn* répugnant
unoka (fiú) *fn* petit-fils *m*
unoka (lány) *fn* petite-fille *f*
unokabáty *fn* cousin *m*; **elsőfokú** ~ ~ germain

unokahúg *fn* nièce *f*
unokák *fn* petits-enfants *pl*
unokanővér *fn* cousine *f*
unokaöcs *fn* neveu *m*
untatni *i* ennuyer, **unatkozni** s'~
úr *fn* monsieur *m* **Uram!** Monsieur!
uralkodni *i* régner
úszás *fn* nage *f*; **úszva** à la ~
úszni *i* nager
uszoda, vízmedence, fürdőmedence *fn* piscine *f*
út *fn* route *f*; **indulás!** en ~!
út, sín, csatorna *fn* voie *f*; **gyorspálya** ~ express; **vasút** ~ ferrée
út, sugárút *fn* avenue *f*
utálni *i* détester
után *el* après; **szerint** d'~
utazás *fn* voyage *m*
utazni *i* voyager
utazó *fn* voyageur *m*
utca *fn* rue *f*
útlevél *fn* passeport *m*
utóétel, csemege *fn* dessert *m*
utolérni *i* rattraper
utolsó *mn* dernier; **a múlt évben** l'année ~ère; **a múlt hónapban** le mois ~
uzsonna *fn* casse-croûte *m*

Ü

ügy *fn* affaire *f*
ügyes *mn* adroit(e) *k (kéz~)*

ügyesség, **jogalaposság** *fn* habileté *f*
ügyetlen *mn* maladroit
ügyfél, **vásárló** *fn* client *m*
ülő *mn* assis(e)
ülőhely, **pad** *fn* banquette *f*
ülep, **fenék**, **segg** *fn* fesse *f*
ülés, **szék(hely)** *fn* siège *m*
ültetni, **beverni**, **odaállítani** *i* planter
ünnep *fn* fête *f*
ünnepnap *mn* jour férié
üreges, **kivájt**, **üres** *mn* creux; **mélytányér** assiette creuse
üríteni (ki~) *i* vider
ürügy *fn* prétexte *m*
üst, **lábas**, **fazék** *fn* marmite *f*
ütés *fn* coup *m* **durranás** coup de feu; **szélroham** coup de vent; **dörgés** coup de tonnerre
ütközni (bele~), **elütni**, **lökni (fel~ /meg~)** *i* heurter
ütni, **verni**, **sújtani** *i* frapper
üveg, *fn* verre *m*; **pohár**
üvegpalack *fn* bouteille *f*
üzemzavar *fn* panne *f*
üzenet, **célzat**, **híradás** *fn* message *m*
üzlet, **bolt**, **raktár** *fn* magasin *m*

Ű

űr, **vákuum**, **üres** *mn* vide
űrhajós *fn* astronaute *m*
űrlap *fn* bulletin *m f*; **szavazólap**, ~ de vote -
űrrepülő *fn* cosmonaute *m*

V

vacsora *fn* dîner *m*
vacsorázni *i* dîner
vad, félénk zord, szilaj, kietlen *mn* sauvage
vad, kegyetlen, vérengző *mn* féroce
vad, vadhús *fn* gibier *m*
vadász *fn* chasseur *m*
vadászat *fn* chasse *f*; **vízöblítés** *(WC)* ~ d'eau
vadászni *i* chasser, **elűzni** expulser
vadnyúl *fn* lièvre *m*
vádolni, okolni *i* accuser
vágni *i* couper, **megvágni saját magát** se couper; **szét~** découper
vágta *fn* galop *m*; **vágtázva** au ~
vagy *konj* ou
vágy, kívánság *fn* désir *m*, envie *f*
vagyis *hat* c'est-à-dire
vagyon *fn* patrimoine *m*
vaj *fn* beurre *m*
vak *mn* aveugle
vakáció, szünidő, nyaralás *fn* vacances *pl*
vakond *fn* taupe *f*
valaki, bárki quelqu'un *indéf*; **némelyik** ~s-uns
valami *mn* quelque chose *indéf*
valamikor, hajdan *hat* autrefois
válasz *fn* réponse *f*
válaszfal *fn* cloison *f*
válaszolni *i* répondre
választani *i* choisir
választás *fn* élection *f*
választék *fn* choix *m*

választott (meg~/ki~) *fn* élu *m*
váll, lapocka *fn* épaule *f*
vállalat, üzem *fn* entreprise *f*
vallás *fn* religion *f*
vallási *mn* religieux
válni vmivé *i* devenir
való, valóságos, reális, dologi *mn* réel
válogatás (ki~ /szét~) *fn* tri *m*
valószínűleg, alighanem *hat* probablement
valótlan, téves *mn* faux
változás *fn* changement *m*
változatos *mn* varié
változni (meg~) *i* changer, **átalakulni vmivé** se changer en
vámőr *fn* douanier *m*
vanilia *fn* vanille *f*
vánkos, párna *fn* oreiller *m*
varangyosbéka *fn* crapaud *m*
váratlan *mn* inattendu
varázsló *fn* sorcier *m*
várni *i* attendre
város *fn* ville *f*; **városban** en ~; **városba menni** aller en ·
városháza *fn* mairie *f*
városi *mn* urbain
varrni *i* coudre
vas *fn* fer *m*; **vasaló** ~ à repasser
vásár (kirakodó~) *fn* foire *f*
vásár, alku *fn* marché *m*
vásárlás, (meg)vétel *fn* achat *m*
vasárnap *fn* dimanche *m*
vásárolni *i* acheter
vaskapocs *fn* crampe *f*

vastag, sűrű *mn* épais
vastagság, ferdeség, fonákság *fn* travers *m*; **keresztbe** à ~, **ferde, haránt** de ~, **vmin keresztül** en ~ (de)
vasút *fn* chemin *m* ~ de fer
vászon, szőttes *fn* toile *f*; **pókháló** ~ d'araignée
vécé *fn* w.c. *m*
védelem *(ön~)*, **tilalom** *fn* défense *f*; **dohányozni tilos** ~ de fumer
védelem, *(oltalom)*, **pártfogás, protekció** *fn* protection *f*
védelmezni, oltalmazni, pártfogolni, protezsálni *i* protéger
védeni (meg~) *i* défendre
vége, **vég** *fn* fin *f*
végre, **végső soron** *hat* finalement
végtelen, határtalan, örökös *mn* infini
végül, **végre!** *hat* enfin **nahát**! enfin!
vegyi (anyag) *mn* chimique
végződés *fn* bout *m* **darab** morceau; **vége vminek** extrémité; **múltán** au ~ de
végződés, **szélsőség**, **vége vminek** *fn* extrémité *f*
vékony, finom *mn* fin; **furfangos**; **sovány**
vele, -val, -vel *el* avec
vélemény, nézet *fn* opinion *f*
véletlen *fn* hasard *m*; **véletlenül** par ~
véna *fn* veine *f*
vendég *fn* invité *m*; *fn* hôte *m*
vendégfogadó *fn* auberge *f*
vendéglő *fn* restaurant *m*
vendéglős, házigazda, vendég *fn* hôte *m*
vér *fn* sang *m*

veréb *fn* moineau *m*
verekedés *fn* bagarre *f*
verekedni *i* (se) bagarrer
vereség *fn* défaite *f*
vérezni *i* saigner
verni, legyőzni vkit *i* battre; **küzdeni** se ~
verseny *fn* compétition *f*
versenypálya *fn* circuit *m*
vese *fn* rein *m*
veszedelem, veszély, *fn* péril *m*; **kockáztatva** au ~ de
veszekedés *fn* dispute *f*
veszekedni *i* disputer (se ~)
veszély *fn* danger *m*; **életveszélyben** en ~ de mort
veszélyes *mn* dangereux
veszettség, düh *fn* rage *f*
veszteség *fn* perte *f*
vétkezni *i* pécher
vetni, szórni *i* semer
vezérelni *i* commander; **parancsolni**
vezető *fn* conducteur *m:* **jármű~**; **munka~**
vezetni (járművet) *i* conduire
vezetni (oda~/elő~), okozni, ràvenni vmire *i* amener
vezetni, hajtani, terelni *i* mener
vicces *mn* marrant, drôle
vidám, derűs, víg *mn* gai
vidám, jókedvű, víg *mn* joyeux
vidék, hadjàrat *fn* campagne *f* **reklámhadjárat**; ~de publicité; **mozgalom** ~ (*vállallaton belül*); **kampány (politikai)** faire ~
vidék, környék, terület *fn* région *f* (*pays*) **országrész**; (*monde*) **világrész**

vidéo *fn* vidéo *m*
vigasz *fn* consolation *f*
vigasztalni (meg~) *i* consoler
vigyázatlan, meggondatlan, oktalan *mn* imprudent
vihar *fn* tempête *f*
vihogni, röhögni *i* ricaner
világ *fn* monde *m*; **embertömeg**
világegyetem *fn* cosmos *m*
világítani *i* éclairer
világítás *fn* éclairage *m*
világítótorony *fn* phare *m*; **fényszóró** *(auto)*
világmindenség, világegyetem *fn* univers *m*
világos *mn* clair; **holdvilág** ~ de lune
világosítani (meg~/fel~), tisztázni *i* éclaircir; **kiderülni, kitisztulni** s' éclaircir
világosság *fn* clarté *f*
világrész *fn* continent *m*; **szárazföld**
villa *fn* fourchette *f*
villágűr tér *fn* espace *m*
villám *fn* foudre *f*
villanás, villám *fn* éclair *m*
villanyszerelő *fn* électricien *m*
villogó, pislogó *fn* clignotant *m*
vinni, hurcolni, cipelni, hordani vmit *i* porter
vipera *fn* vipère *f*
virág *fn* fleur *f*
virágárus *fn* fleuriste *m*
virrasztás, ébrenlét *fn* veille *f*; **esti (közös) tevékenység, őrködés** *fn* veillée *f*
virsli *fn* saucisse *f* **kolbász** saucisson
viselkedésmód *fn* comportement *m*
visszaadni *i* rendre; **rájönni vmire, tisztában**

lenni vmivel se ~ compte; **elmegy vhová** se ~ (à)
visszaakasztani *i* raccrocher, **letenni a kagylót** *(telefon)*
visszafordulni, *i* retourner; **szembefordulni vmivel, vkivel** se ~ (vers)
visszahatás, reagálás *fn* réaction *f*; **sugárhajtású repülőgép** avion à ~
visszahozni, odahúzni *i* ramener
visszajönni *i* revenir
visszaküldeni *i* renvoyer
visszaömlés *fn* reflux *m*
visszatartani, lefogni, visszafojtani (lélegzetet) *i* retenir
visszatenni *i* remettre; **ismét nekiállni (dolgozni)** se ~ à (travailler)
visszatérés *fn* retour *m*; **(haza~/vissza~)jövet** de ~; **oda-vissza jövet** aller-~
visszatérni *i* rentrer; **beengedni, behajtani** faire ~
visszautasítani *i* refuser
visszavenni, újrakezdeni, ismételni *i* reprendre
viszonlátni *i* revoir, **viszonlátásra!** au ~!
viszony, vonatkozás *fn* relation *f*
vita, beszélgetés *fn* discussion *f*
vitorla, fátyol *fn* voile *f*; **vitorlás** bateau à ~; **vitorlázni** faire de la voile
vitorláshajó *fn* voilier *m*
víz *fn* eau *f*
vízálló *mn,* **esőköpeny** *fn* imperméable *m*
vizelet *fn* urine *f*
vizelni, pisilni *i* uriner
vízhólyag *(orv) fn* ampoule *f*

vizsga *fn* examen *m*
vizsgálat, kivizsgálás *fn* enquête *f*
vízvezetékszerelő, bádogos, szerelő *fn* plombier *m*
vő *fn* gendre *m*
vödör *fn* seau *m*
vőlegény *fn* fiancé *m*
völgy *fn* vallée *f*
vonal, vezeték, sor, vonás, járat, fonal *fn* ligne *f*
vonulni (át~/el~), elmúlni *i* passer; **lenni (élni) vmi nélkül** se ~ de
-vonulni, -menni, -kelni, -szelni, -hatolni (át~, keresztül~) *i* traverser
vörösbegy *fn* rouge-gorge *m*

Z

zacskó *fn* sachet *m*
zaj *fn* bruit *m*
zakó *fn* veston *m*
zápor *fn* averse *f*, ondée *f*
zár *fn* serrure *f*
zárni csukni (be~) *i* fermer; **kulcsra zárni** ~à clé
zárolni, leállítani *i* bloquer
zárt *mn* fermé
zártkörű, magán- *mn* privé
zászló *fn* drapeau *m*
zavarni, feszélyezni *i* gêner
zene, muzsika *fn* musique *f*
zenekar *fn* orchestre *m*
zenész *fn* musicien *m*
zivatar; vihar *fn* orage *m*

zokni *fn* chaussette *f*
zokogás *fn* sanglot *m*
zokogni *i* sangloter
zöld *mn* vert **éretlen**
zöldborsó *fn* petit pois *m*
zöldség *fn* légumes *tbsz*
zongora *fn* piano *m*
zsák, táska, burok *fn* sac *m*; **hálózsák** ~ de couchage; **hátizsák** ~ à dos
zsákutca *fn* impasse *f*
zsalu *fn* volet *m*
zsaru *fn* flic *m*
zseb, burok *fn* poche *f*
zsidó *mn* juif
zsír, háj *fn* graisse *f*
zug, szöglet (**száj~**) *fn* coin *m*
zuhany *fn* douche *f*
zúzni, törni *i* briser; **eltörni** se ~
zúzódás *fn* contusion *f*

FRANCIA-MAGYAR
FRANÇAIS-HONGROIS

Néhány szó a francia nyelvről

Eredetét tekintve, a francia nyelv az indoeurópai nyelvcsalád latin ágához tartozik, ezáltal erős kapcsolatban áll az olasz, spanyol és a portugál nyelvekkel.

A szóhangsúly az utolsó kiejtett szótagra, a mondathangsúly pedig a mondat végéré kerül.

A szavak helye a mondatban többnyire szigorúan meghatározott : az alanyt az állítmány követi, aztán következnek a bővítmények.

A francia nyelv igerendszere rendkivül gazdag, számos igeidőt és igeragozást ismer. Ezek — szigorú szabályok betartásával — együttesen alkalmazva, rendkívüli pontossággal határozzák meg a mondat értelmét.

A segédigék — Pld : az ***être*** et ***avoir*** (lenni & bírni vmit) — különféle igeformákkal együtt használva nagyszámú gondolati — és mondatkombinációra adnak lehetőséget.

A szavak írása és kiejtése

- A francia nyelv **6 magánhangzót** és **20 mássalhangzót** alkalmaz.
- A **6 magánhangzó** viselhet ékezetet (à, é,

ê, è, ë, ô, …), vagy kapcsolódhat egy másik magán, illetve mássalhangzóhoz. Ezáltal **16 hang** jelölésére válik lehetőség.

• A szavak kiejtésekor - a mássalhangzókkal együtt - tehát **összesen 36 hangot** használunk.

Az írott magánhangzók : a, e, i, o, u, y

A kiejtett magánhangzók : i, é, è, a, â, o, ô, ou, œ, eu, u, un, on, in, an

A mássalhangzók : b, c, d, f, g, h, j, k, l, m, n, p, q, r, s, t, v, w, x, z.

• Minden szótag tartalmaz legalább egy **magánhangzót** ami nem zárja ki, hogy egy szótagot egyetlen magánhangzóból képezzünk.

• A magánhangzók nem módosulnak a kiejtés során. A kiejtés időtartama csak akkor változik amikor a magánhangzót *s*, *z*, *f*, vagy ***r*** követi. Megkülönböztetünk ***nyitott*** és ***zárt*** magánhangzókat.

• A **mássalhangzók** képzése egyszerű.

• Különös nehézséget jelenthet azonban néhány — a magyarban nem használt — **hang képzése** és kiejtése. Ezekre vonatkozóan — a szótár terjedelmére való tekintettel — csupán néhány összehasonlító példát adunk az alábbiakban.

• A mondat képzése során a szavakat egymáshoz rendeljük. További nehézséget jelent, hogy az igy létrejött **virtuális szókombináció** módosíthatja az alkalmazott **szavak kiejtését**. Kiejtésünk csupán akkor lesz pontos, ha ismerjük az alkalmazott szavak helyesírását és a szókapcsolásra vonatkozó elemi szabályokat.

A francia magánhangzórendszer

api* (F) példa	(M) példa	*Megjegyzés*
[a] Paris, littérature	*(hasonló mint:)* táncol, barát	*Zárt*
[ɑ] âne, pâte	alma	*Nyitott*
[ɑ̃] décent, fanfare	(hasonló mint:) lant, languszta	*Nazális (orrhang)*
[ə] leçon, repos	köd, költ	
[e] blé, été	élet, édes	*Zárt*
[ɛ] Crèche, lait	kietlen, eszme	*Nyitott*
[œ] neuf, cœur	pörköl, égő	*Nyitott*
[ø] jeu, peu	tök	*Zárt*
[i] livre, habit	klinika, ínség	
[ɛ̃] brin, pain, sein	*(hasonló mint:)* kotetlen, fennmarad	*Nazális (orrhang)*
[ɔ] Robe, or	korsó, ott	*Nyitott*

* API : Alphabet phonétique international

[o] rose, beau	erózió	*Zárt*
[ɔ̃] location, bon	*(hasonló mint:)* magnetofon *Nazális (orrhang)*	
[u] joue, doux	dúl, csukló, úr	
[y] majuscule, sûr	szül, űr	
[œ̃] un, brun, parfum	*(hasonló mint:)* engem *Nazális (orrhang)*	
[w] Moi, Louis		Félhang ***: oa ; ui***
[ɥ] lui		Félhang : ***üi***
[j] faille, miel, yaourt	jó	

A mássalhangzók kiejtése nem okoz különösebb nehézséget.

Megjegyzés : a "**q**" pedig a magyar "**k**"-nak felel meg.

api	**(F) példa**	**(M) példa**
[b]	bien , abbé	bele, jobban
[ʃ]	chose, chou	sajnos
[d]	désir, demande	dadog
[f]	film, chef	film
[g]	gare, gorille	gabona
[ɲ]	Bretagne, agneau	nyúl
[ʒ]	jeu, girafe, génie	zsúr
[k]	capitale, qui, bac	kalap
[l]	lapin, mal	lakat
[m]	mer, même	mert

[n]	net, canal, dolmen	canális
[p]	pic, appât, cap	pap
[R]	rue, mari, are	*(hasonló mint)* rossz, már
[s]	sel, français, saucisson	szel
[t]	tas, tente , latte	tét, tett
[v]	veau, ouvert, wagon	víz
[ks]	ex, taxe	iksz
[z]	zut, gaz, poison	zár

Néhány magyar hang megfelelője és jelölése a francia nyelvben

Hang (M)	Hangmegfelelő (F) kiejtés és (F) irás
c	tsoin tsoin
cs	tchin tchin
g	gare, gorge
g *-nek ejtjük, de :* **zs** *ha* "**i**" *vagy* "**e**" *követi*	génie, gorge
gy	adieu
j *és az* **ly**	nouille, yeux, yaourt
ny	agneau
s	chose
sz	sel, français, saucisson
zs	juste, germe, girafe
z *ha az* **s** *egyedül található két magánhangzó között,* **z** *-nek ejtjük*	zut, sosie, poison

További megjegyzések a szótár használatához

• Mivel a magyar nyelv nem tesz megkülönböztetést a **főnevek** nemét (genre) illetően — viszont ezek ismerete nélkülözhetetlen a mondatképzés során — a masculin / féminin jelölést rendszeresen feltüntettük.

• Az **igéket** a legegyszerűbb formában, a **főnévi igenév** (infinitivus) alakjában szerepeltetjük, az igeragozást illetően pedig nem adunk útbaigazítást.

• A szótár tartalmazza a francia szavak fonetikus leirását is a nemzetközi szabvány (alphabet phonétique international (**A.P.I.**)) szerint.

fenêtre [fənɛtʀ] *f* ablak
ablak *fn* fenêtre *f*
sourire [suʀiʀ] *v* mosolyogni
mosolyogni *i* sourire

A

à [a] *prép (Lieu; position/localisation)* -ban, -ben; -on, -en; -nál, -nél *(déplacement/direction)* -ba, -be; -ra, -re; -hoz, -hez; -höz *(provenance)*-bol,-böl, ból, -ből; *(attribution)* -nak; -nek. **à mes enfants** gyermekeimnek.
à l'aide! [ɑlɛd] *excl* segítség!
abaisser [abese] *v* leereszteni, leszállitani, lecsökkenteni
abandonner [abɑ̃dɔne] *v* elhagyni, otthagyni
abattre [abatʀ] *v* levágni *(animal)*, kivágni *(arbre)*
abcès [absɛ] *m* tályog *(méd.)*
abeille [abɛj] *f* méh
aber [abɛʀ] *m* folyamtorkolat
abominable [abɔminabl] *a* szörnyű, ronda
abondant [abɔ̃dɑ̃] a bőséges
abord [abɔʀ] *adv* elérhetőség; **d'~** először is
aboyer [abwaje] *v* ugatni
abréviation [abʀevjɑsjɔ̃] *f* röviditės
abri [abʀi] *m* hajlék, menedék
abricot [abʀiko] *m* sárgabarack
abriter [abʀite] *v* megvédeni, elszállásolni
absent [apsɑ̃] *a* távollevő, hiányzó
accent [aksɑ̃] *m* hangsúlyozás, kiejtés, (signe) ékezet
accepter [aksɛpte] *v* elfogadni
accident [aksidɑ̃] *m* baleset
accord [akɔʀ] *m* **être d'~** egyetérteni vmivel
accordéon [akɔʀdeɔ̃] *m* tangóharmonika
accoucher [akuʃe] *v* szülni, világra hozni
accrocher [akʀɔʃe] *v* felakasztani, ráakasztani; **s'~** kapaszkodni

accueil [akœj] *m* fogad(tat)ás
accueillir [akœjiʀ] *v* fogadni
accuser [akyze] *v* vádolni, okolni
achat [aʃa] *m* vásárlás, bevásárlás, megvétel
acheter [aʃte] *v* vásárolni
achever [aʃve] *v* befejezni, bevégezni
acier [asje] *m* acél
âcre [ɑkʀ] *a* keserű, fanyar
acte [akt] *m* cselekedet, cselekmény; *Jur* okirat, okmány; *(théâtre)* felvonás
acteur [aktœʀ] *m* színész
actualités [aktɥalite] *f* időszerűség, aktualitás, hírek, (TV)hiradó
actuellement [aktɥɛlmɑ̃] *adv* jelenleg
addition [adisjɔ̃] *f* pótlék, összeadás, éttermi számla
adieu [adjø] *m* búcsúzás, ~! Isten veled!
adjectif [adʒɛktif] *a/m* melléknév
administration [administʀɑsjɔ̃] *f* közigazgatási hatóság, igazgatás, intézés
admirable [admiʀabl] *a* imádni való, bámulatra méltó
admirer [admiʀe] *v* (meg)csodálni
adolescent -e [adɔlesɑ̃s] *f/m* ifjú, serdülő lány
adorer [adɔʀe] *v* imádni
adresse [adʀɛs] *f* cím(zés), ügyesség
adroit(e) [adʀwa] *a* ügyes (kéz˜)
adulte [adylt] *a* felnőtt
adversaire [advɛʀsɛʀ] *m* ellenfél
aéroport [aeʀɔpɔʀ] *m* repülőtér
affaiblir [afebliʀ] *v* gyengülni
affaire [afɛʀ] *f* ügy, dolog
affiche [afiʃ] *f* plakát, falragasz
affreux [afʀø] *a* szörnyű, csúnya, ronda, borzasztó

afin [afɛ̃] *adv* azért
afin de [afɛ̃] *adv* avégből
afin que [afɛ̃] *adv* azért hogy
Afrique [afʀik] *f* Afrika
âge [ɑʒ] *m* életkor
âgé [ɑʒe] *a* idős; ~ **de six ans** hat éves
agile [aʒil] *a* fürge
agir [aʒiʀ] *v* cselekedni; **il s'agit (de)** vmiről (amiről) szó van
agneau [aɲo] *m* bárány
agréable [agʀeabl] *a* kellemes
agriculteur [agʀikyltœʀ] *m* földművelő
agriculture [agʀikyltyʀ] *f* mezőgazdaság
aide [ɛd] *f* segéderő; **à l'~** segítség!
aider [ede] *v* segíteni
aigle [ɛgl] *m* sas
aigre [ɛgʀ] *a* savanyú, rideg
aigu [egy] *a* hegyes, éles; (Med) heveny
aiguille [egɥij] *f* tű
ail [aj] *m* fokhagyma
aile [ɛl] *f* szárny
ailleurs [ajœʀ] *adv* máshol
aimable [ɛmabl] *a* szeretetreméltó, kedves
aimer [eme] *v* szeretni
aîné [ene] *a* (leg)idősebb
ainsi [ɛ̃si] *adv* így; ~ **que** amint, valamint
air [ɛʀ] *m* levegő; *(apparence)* arckifejezés; *(musique)* dallam
aisance [ɛzɑ̃s] *f* jómód, könnyedség
aise [ɛz] *f* elégedettség, **être à l'~** kényelmesen, könnyedén
ajonc [aʒɔ̃] *m* sünzanót *(Ulex Europaeus)*
ajouter [aʒute] *v* hozzátenni, hozzáadni

alcool [alkɔl] *m* alkohol
algue [alg] *f* moszat
aliment [alimɑ̃] *m* táplálék
alimentation [alimɑ̃tɑsjɔ̃] *f* táplálkozás
allée [ale] *f* fasor, **les allées et venues** jövés-menés
Allemagne [almaɲ] *f* Németország
allemand(e) [almɑ̃] *m/f/a* német
aller [ale] *v* menni, járni
allumer [alyme] *v* **s'~** (fel~/meg~)gyújtani
allumette [alymɛt] *f* gyufa
alors [alɔʀ] *adv* ekkor, akkor; **~ que** amikor, mialatt
amateur [amatœʀ] *m* műkedvelő
ambulance [ɑ̃bylɑ̃s] *f* sebesültszállító, mentőautó
âme [ɑm] *f* lélek
améliorer [ameljɔʀe] *v* **s'~** (meg)javitani, jobbá tenni
amende [amɑ̃d] *f* bírság, (pénz~)
amener [amne] *v* (oda˜/ elő˜)vezetni, okozni
amer [amɛʀ] *a* keserű
américain(e) [ameʀikɛ̃] *m/f/a* amerikai
Amérique [ameʀik] *f* Amerika
ami [ami] *m* barát
amitié [amitje] *f* barátság
amour [amuʀ] *m* szeretet, szerelem; **faire l'~** szeretkezni
amoureux [amuʀø] *a* szerelmes
ampoule [ɑ̃pul] *f* égő, izzó; *(peau)* vízhólyag
amusant [amyzɑ̃] *a* mulatságos
amuser [amuze] *v* szórakoztatni; **s'~** szórakozni
an [ɑ̃] *m*, **année** [ane] *f* év, **l'~ dernière** múlt év, **l'~ prochaine** jövő év; **bonne ~!** boldog újévet!
ancien [ɑ̃sjɛ̃] *a* régi, öreg, rangidős

ancre [ãkʀ] *f* horgony
andouille [ãduj] *f/a* hurka, butácska
âne [an] *m* szamár
ange [ãʒ] *m* angyal
anglais [ãglɛ] *m/f/a* angol
angle [ãgl] *m* sarok, szemszög, szöglet, *(mat)* szög, (óra~/beesési~) szög
Angleterre [ãglətɛʀ] *f* Anglia
angoisse [ãgwas] *f* szorongás, aggodalom
anguille [ãgij] *f* angolna
animal [animal] *m* állat
animateur [animatœʀ] *m* szervező, lelkesítő
animation [animasjɔ̃] *f* mozgalmasság, élénkség
anneau [ano] *m* karika, gyűrű
anniversaire [anivɛʀsɛʀ] *m* születésnap
annonce [anɔ̃s] *f* bejelentés, kihirdetés
antenne [ãtɛn] *f* antenna, csáp
août [u] *m* augusztus
apercevoir [apɛʀsəvwaʀ] *v* észrevenni
apéritif [apeʀitif] *m* étvágygerjesztő (szeszes ital)
appareil [apaʀɛj] *m* készülék; **qui est à l~?** kivel beszélek?
appartement [apaʀtəmã] *m* lakás
appartenir [apaʀtəniʀ] *v* hozzátartozni
appel [apɛl] *m* hívás, jelzés, (jur) fellebbezés
appeler [aple] *v* szólítani, hívni; **s'~** (meg)nevez(tet)ik
appétit [apeti] *m* étvágy; **bon ~** jó étvágyat!
applaudir [aplodiʀ] *v* tapsolni
apporter [apɔʀte] *v* hozni (át~/be~/ide~/oda~)
apprendre [apʀãdʀ] *v* megtanulni, értesülni
apprenti [apʀãti] *m* gyakornok, tanonc, inas
apprivoiser [apʀivwaze] *v* szelidíteni (meg~)

approcher [apʀɔʃe] *v* **s'~** közeledni, közelíteni
appuyer [apɥije] *v* (meg~/le~)nyomni, nekitámasztani
âpre [ɑpʀ] *a* érdes, durva, fanyar,
après [apʀɛ] *prép* után, majd, miután; **d'~** szerint
après-demain [apʀɛdmɛ̃] *adv* holnap után
après-midi [apʀɛmidi] *m/f* délután
araignée [aʀeɲe] *f* pók; **~ de mer** tengeri pók
arbre [aʀbʀ] *m* fa, tengely
arc [aʀk] *m* ív, körív, íj
arc-en-ciel [aʀkɑ̃sjɛl] *m* szivárvány
archipel [aʀʃipɛl] *m* szigetcsoport
architecture [aʀʃitɛktyʀ] *f* építészet, építőművészet
ardoise [aʀdwaz] *f* pala(tábla)
arête [aʀɛt] *f* (hal)szálka, él
argent [aʀʒɑ̃] *m* ezüst, pénz
argile [aʀʒil] *f* agyag
arme [aʀm] *f* fegyver
armée [aʀme] *f* hadsereg
armoire [aʀmwaʀ] *f* szekrény
arracher [aʀaʃe] *v* (ki)tépni, szakítani
arranger [aʀɑ̃ʒe] *v* elrendezni
arrêt [aʀɛ] *m* megálló(hely), szünet
arrêter [aʀete] *v* megállítani; **s'~** megállni
arrière [aʀjɛʀ] *adv* mögött, hátul; **en ~** vissza
arriver [aʀive] *v* megérkezni, jönni
art [aʀ] *m* művészet
artichaut [aʀtiʃo] *m* articsóka
article [aʀtikl] *m* közlemény, tag; izület; rész; *(journal)* újságcikk; *(objet)* árúcikk
artisan [aʀtizɑ̃] *m* kézműves
artiste [aʀtist] *m* művész
ascenseur [asɑ̃sœʀ] *m* felvonó

Asie [azi] *f* Ázsia
aspect [aspɛ] *m* külső jelleg, forma; szempont
aspirateur [aspiʀatœʀ] *m* porszívó
assassin [asasɛ̃] *m* gyilkos
asseoir [aswaʀ] *v* leülni
assez [ase] *adv* elég
assiette [asjɛt] *f* tányér
assis(e) [asi] *a* ülő
assurance [asyʀɑ̃s] *f* biztositás, határozottság
astre [astʀ] *m* csillag
astronaute [astʀɔnot] *m* űrhajós
atelier [atəlje] *m* műhely
athlète [atlɛt] *m* atléta
Atlantique [atlɑ̃tik] *m* Atlanti-óceán
atmosphère [atmɔsfɛʀ] *f* légkör, hangulat
attacher [ataʃe] *v* kötni (le~/hozzá~), kapcsolni
attaque [atak] *f* támadás, roham
atteindre [atɛ̃dʀ] *v* elérni, utolérni
attendre [atɑ̃dʀ] *v* várni
attention [atɑ̃sjɔ̃] *f* figyelem; **faire ~** vigyázni vmire; **~!** vigyázat!, figyelem!
atterrir [ateʀiʀ] *v* leszállni
attraper [atʀape] *v* (el~/be~)fogni, (el~/be~)kapni, utolérni
aube [obɛ] *f* hajnal
auberge [obɛʀʒ] *f* vendégfogadó
aucun(e) [okœ̃] *a/pron* egy(ik) sem, semmi, semmiféle, senki
au-delà [odla] *adv* vmin túl, azon túl
au-dessous [odəsu] *adv* legalul, lent
au-dessus [odəsy] *adv* fölül, fent
aujourd'hui [oʒuʀdɥi] *adv* ma
aumône [ɔmon] *f* alamizsna

auparavant [opaʀavɑ̃] *adv* korábban, (az/ez)előtt
auprès [opʀɛ] *adv* közelében, mellette, nála
aussi [osi] *adv* szintén; ennyire
aussitôt [osito] *adv* mihelyt, azonnal
autant [otɑ̃] *adv* ugyanúgy, ugyanennyi(t)
automne [ɔtɔn] *m* ősz
automobile [ɔtɔmɔbil] *f* gépkocsi, autó
autorisation [ɔtɔʀizɑsjɔ̃] *f* felhatalmazás, engedély
autoriser [ɔtɔʀize] *v* felhatalmazni, engedélyezni
autoroute [ɔtɔʀut] *f* autóút, autósztráda
auto-stop [ɔtɔstɔp] *m* autóstop
autour [otuʀ] *adv* körülötte
autre [otʀ] *adv* más(ik)
autrefois [otʀəfwa] *adv* régen, valamikor, hajdan
autrement [otʀəmɑ̃] *adv* másképp, máskülönben
avaler [avale] *v* lenyelni
avance [avɑ̃s] *f* előny; **à l'~** előre
avancer [avɑ̃se] *v* haladni, nyomulni, előre vinni
avant [avɑ̃] *adv* előtt, azelőtt
avant-hier [avɑ̃tjɛʀ] *adv* tegnap előtt
avare [avaʀ] *a* fösvény
avec [avɛk] *prép* -val, -vel, vele
avenir [avniʀ] *m* jövő
avenue [avny] *f* sugárút, út
averse [avɛʀs] *f* zápor
aveugle [avœgl] *a* vak, világtalan
aviateur [avjatœʀ] *m* repülő, pilóta
aviation [avjɑsjɔ̃] *f* repülés, légi-közlekedés
avion [avjɔ̃] *m* repülőgép
avis [avi] *m* felhívás, értesítés; **à mon ~** szerintem
avoir [avwaʀ] *v* birni vmit (van neki), birtokolni vmit, hitele van vkinél
avouer [avwe] *v* bevallani, beismerni vmit

avril [avʀil] *m* április

B

bâbord [bɑbɔʀ] *m* baloldal
baccalauréat [bakalɔʀea] *m* érettségi
bâcler [bɑkle] *v* összecsapni, elnagyolni
bagad [bagad] *m* breton zenekar
bagage [bagaʒ] *m* csomag, felkészültség
bagarre [bagaʀ] *f* verekedés, tülekedés
bagarrer (se) [bagaʀe] *v* verekedni(ki˘), tolakodni, tülekedni
bague [bag] *f* gyűrű
baguette [bagɛt] *f* vessző, hosszú francia kenyér
baie [bɛ] *f (littoral)* öböl
baigner [beɲe] *v* fürdeni
baignoire [bɛɲwaʀ] *f* fürdőkád
bâiller [baje] *v* ásítani
bain [bɛ̃] *m* fürdő; *(dans baignoire)*; **prendre un ~ de soleil** napozni
baiser [beze] *m* csók; **donner un ~** megcsókolni
baisse [bɛs] *f* csökkenés, apadás, süllyedés; **~ du prix** árcsökkenés
baisser [bese] *v* csökkenteni
balade [balad] *f* séta, **faire une ~** kóborolni, sétát tenni
balai [balɛ] *m* seprű
balance [balɑ̃s] *f* mérleg, inga, besúgó
balançoire [balɑ̃swaʀ] *f* hinta
balayer [baleje] *v* seperni
balcon [balkɔ̃] *m* erkély, karzat,
baleine [balɛn] *f* bálna

ballade [balad] *f* ballada
balle [bal] *f* labda; *(fusil)* puskagolyó *m*
ballon [balɔ̃] *m* léggömb, labda, *(en verre)* ballon
banane [banan] *f* banán
banc [bɑ̃] *m* pad; ~ **de sable** homokzátony
bandage [bɑ̃daʒ] *m* kötés, sebkötő, kötszer
bande [bɑ̃d] *f* szalag; ~**s dessinées** rajzfilm
banlieue [bɑ̃ljo] *f* külváros, külkerület
banque [bɑ̃k] *f* bank
banquette [bɑ̃kɛt] *f* ülőhely, pad
bar [baʀ] *m* bár
barbe [baʀb] *f* szakáll
barde [baʀd] *m* bárd, (szalonna)szelet
barque [baʀk] *f* halászbárka
barrage [baʀaʒ] *m* gát, duzzasztó
barrer [baʀe] *v* elzárni, eltorlaszolni
barrière [baʀjɛʀ] *f* korlát, sorompó
barrique [baʀik] *f* hordó
bas [bɑ] *a (eau)* sekély, lent, alsó rész, **bas-fonds** alvilág
bas [bɑ] *m (*vêtement*)* harisnya
bas-ventre [bɑvɑ̃tʀ] *m* altest, alhas
bataille [bataj] *f* csata, harc, ütközet
bateau [bato] *m* hajó; **faire du** ~ csónakázni, hajózni; ~ **à voile** vitorlás hajó
bâtiment [bɑtimɑ̃] *m* épület, nagy tengeri hajó
bâtir [bɑtiʀ] *v* építeni (fel~/be~)
bâton [bɑtɔ̃] *m* bot
battre [batʀ] *v* legyőzni, ütni, verni vkit; *(cœur)* lüktetni; **se** ~ küzdeni
bavarder [bavaʀde] *v* beszélgetni, csevegni
beau [bo], **bel** [bɛl] *a m*, **belle** [bɛl] *a f* szép
beaucoup [boku] *adv* sok ~ **de** vmiből sok

beau-fils [bofis] *m* mostohafiú
beau-père [bopɛʀ] *m* mostohaapa, após
beauté [bote] *f* szépség
beaux-parents [bopaʀɑ̃] *mpl* após és anyós
bébé [bebe] *m* csecsemő, baba, kisbaba
bec [bɛk] *m* csőr
belle-fille [bɛlfij] *f* meny
belle-mère [bɛlmɛʀ] *f* mostohaanya, anyós
béquille [bekij] *f* mankó, támasz
berceau [bɛʀso] *m* bölcső
besoin(s) [bəzwɛ̃] *m* szükséglet
bétail [betaj] *m* barom, (lábas)jószág
bête [bɛt] *f* állat, butácska, ostobácska, bárgyú
bêtise [betiz] *f* butaság
béton [betɔ̃] *m* beton
beurre [bœʀ] *m* vaj
bibliothèque [biblijɔtɛk] *f* könyvtár
bicyclette [bisiklɛt] *f* kerékpár, bicikli
bien [bjɛ̃] *adv* jól; **~ plus loin** messzebb; **aussi ~ (que)** szintúgy mint, csakúgy, **eh ~!** no!, nahát **~ sûr** természetesen
bien [bjɛ̃] *m (qualité)* jó; **ça me fait du ~** jólesik, jót tesz
bientôt [bjɛ̃to] *adv* **à ~!** nemsokára
bienvenue [bjɛ̃vəny] *f* üdvözlés, bemutatkozó
bière [bjɛʀ] *f* sör
bijou [biʒu] *m* ékszer
bilingue [bilɛ̃g] *a* kétnyelvű
bilinguisme [bilɛ̃gɥism] *m* kétnyelvűség
bille [bij] *f* golyó
billet [bilɛ] *m* jegy, cédula, **~ de banque** bankjegy
biniou [binju] *m (breton)* duda
biologique [bjɔlɔʒik] *a* biológiai

biscotte [biskɔt] *f* kétszersült
biscuit [biskɥi] *m* keksz
bizarre [bizaʀ] *a* különös, furcsa,
blaireau [blɛʀo] *m* borz, borotvaecset
blâmer [blɑme] *v* megróni (vkit), kifogásolni
blanc [blɑ̃] *a* fehér
blé [ble] *m* gabona, búza, ~ **noir** hajdina
blesser [blese] *v* sérteni, bántani, megsebesíteni
blessure [blesyʀ] *f* seb, sérülés
bleu [blø] *a* kék
bloquer [blɔke] *v* leállítani, zárolni; **rester ~é** (ott~/meg~)rekedni
bocage [bɔkaʒ] *m* liget, berek
bœuf [bœf] *m* marha, *(viande)* marhahús
boire [bwaʀ] *v* inni
bois [bwa] *m* fa, erdő, liget
boisson [bwasɔ̃] *f* ital
boîte [bwat] *f* doboz, ~ **de nuit** mulató (éjjeli)
boiter [bwate] *v* sántítani
boiteux [bwatɥ] *a* sánta, hibás
bol [bɔl] *m* csésze, bögre
bombarde [bɔ̃baʀd] *f* breton síp
bombardement [bɔ̃baʀdəmɑ̃] *m* bombázás, ágyúzás
bombe [bɔ̃b] *f* bomba
bon [bɔ̃] *a/m*, **bonne** [bɔn] *a/f* jó, jóságos, **de bonne heure** hamar, jókor, korán
bon marché [bɔ̃maʀʃe] *a* olcsó, olcsón
bonbon [bɔ̃bɔ̃] *m* cukorka
bond [bɔ̃] *m* szökellés, szökkenés
bonheur [bɔnœʀ] *m* boldogság
bonhomme [bɔnɔm] *m* emberke
bonjour! [bɔ̃ʒuʀ] *excl* jó napot! üdvözlöm!
bonne [bɔn] *f* cselédnő

bonnet [bɔnɛ] *m* sapka, fejkötő
bonsoir! [bɔ̃swaʀ] *excl* jó estét!
bonté [bɔ̃te] *f* jóság
bord [bɔʀ] *m* part; tengerpart *(de mer)*; **à ~** (vmi)szélén
bosse [bos] *f* púp, dudorodás
botte [bɔt] *f* köteg, csomó
bouche [buʃ] *f* száj, csap
bouchée [buʃe] *f* falat, harapás
boucher [buʃe] *m* tapaszt, mészáros, lezár
bouchon [buʃɔ̃] *m* dugó
bouder [bude] *v* duzzogni
boue [bu] *f* sár, iszap
bouée [bwe] *f* bója
bouger [buʒe] *v* mozdulni (el~), mozogni
bougie [buʒi] *f* gyertya
bouillie [buji] *f* pép, lé
bouillir [bujiʀ] *v* főni, forralni; **bouillir de colère** dúlni-fúlni
boulanger [bulɑ̃ʒe] *m* pék
boulangerie [bulɑ̃ʒʀi] *f* pékbolt, sütőde
boule [bul] *f* gömb
bouquet [bukɛ] csokor, buké
bourg [buʀ] *m* kisváros
bourse [buʀs] *f* tőzsde, erszény
bousculer [buskyle] *v* taszítani, lökni (meg~/fel~/félre~)
boussole [busɔl] *f* iránytű
bout [bu] *m* végződés, *(morceau)* darab; *(extrémité)* vége vminek; **au ~ de** múlva, múltán
bouteille [butɛj] *f* üvegpalack
boutique [butik] *f* bolt
bouton [butɔ̃] *m* gomb, *(Tech)* kapcsológomb; *(Biol)*

rügy, bimbó
boutonner [butɔne] *v* begombolni
bovin [bɔvɛ̃] *m* marha
boyau [bwajo] *m f* bél, tömlő, cső
bracelet [bʀaslɛ] *m* karperec, ~ **de montre** óraszíj
branche [bʀɑ̃ʃ] *f* ág, szak
brancher [bʀɑ̃ʃe] *v* kapcsolni (össze~/be~), összekötni
bras [bʀa] *m* kar, ág, elágazás
brebis [bʀəbi] *m* birka, juh, anyajuh
bref [bʀɛf] *a* kurta, rövid; **en** ~ egyszóval
Bretagne [bʀətaɲ] *f* Bretagne
bretelles [bʀətɛl] *f* nadrágtartó, vállpánt, bekötő/összekötőút
breton [bʀətɔ̃] *m* breton, bretagne-i *(habitant de la Bretagne / langue)*
bricoler [bʀikɔle] *v* barkácsolni
brièvement [bʀijɛvmɑ̃] *adv* röviden
brillant [bʀijɑ̃] *a* fényes, csillogó, kitűnő, pompás
briller [bʀije] *v (soleil)* ragyogni
brique [bʀik] *f* tégla
briquet [bʀikɛ] *m* öngyújtó
brisant [bʀizɑ̃] *m* sziklazátony, *(vague)* hullámtörő gát
brise [bʀiz] *f* szellő
briser [bʀize] *v* törni, zúzni; **se** ~ eltörni
broderie [bʀɔdʀi] *f* hímzés, kézimunka
bronzer [bʀɔ̃ze] *v* **se** ~ lesülni
brosse [bʀɔs] *f* kefe; ~ **à dents** fogkefe
brouillard [bʀujɑʀ] *m* köd
bruine [bʀɥin] *f* szitáló eső
bruit [bʀɥi] *m* nesz, zörgés, hír, zaj
brûlant [bʀylɑ̃] *a* forró, csípős, lobogó, izzó,

brûler [bʀyle] *v* égni, (ki~/el~)égetni, csípni
brume [bʀym] *f* köd
brusquement [bʀyskəmɑ̃] *a* hirtelen, durván, nyersen
bruyant [bʀɥijɑ̃] *a* hangos, lármás, zajos
bruyère [bʀyjɛʀ] *f* erikafa *(Erica)*
bûche [byʃ] *f* tuskó, rönk, fahasáb
buisson [bɥisɔ̃] *m* cserje, bokor
bulle [byl] *f* buborék, zárvány, hólyag
bulletin [byltɛ̃] *m* űrlap, *(publication)* folyóirat*)* **~ de vote** - szavazólap
bureau [byʀo] *m* iroda, hivatal, íróasztal
bus [bus] *m* autóbusz
but [bu] *m* szándék, gól, cél

C

c'est-à-dire [sɛtadiʀ] *adv* vagyis, azaz
ça [sa] *pron/adv* ez, azitt, ide; **ça suffit!** elég! **comme ci comme ~** se jól...se rosszul **~ va?** rendben van?
cabane [kaban] *f* kunyhó, faház
cabine [kabin] *f* fülke, **~ téléphonique** telefonfülke
cabinet [kabinɛ] *m (de médecin...)* rendelő; *(WC)* vécé; öltöző
câble [kɑbl] *m* kábel, kötél, tartókötél, sürgöny
cacah(o)uète [kakawɛt] *f* amerikai (földi) mogyoró *(Arachis hypogea)*
caché [kaʃe] *a* rejtett, titkos, titkolt, lappangó, szunnyadó
cacher [kaʃe] *v* rejteni, eldugni, elrejteni, **se ~** elrejtőzni

cachet [kaʃɛ] *m (tampon)* postabélyegző; *(Méd)* tabletta, pirula
cadavre [kadɑvʀ] *m* holttest
cadeau [kado] *m* ajándék; **faire un ~** ajándékozni
cadenas [kadna] *m* lakat
cadran [kadʀɑ̃] *m* óralap, skála, tárcsa, **~ solaire** napóra
cadre [kɑdʀ] *m* keret, képkeret
café [kafe] *m* kávé; **~ au lait,** tejeskávé; *(établissement)* kávéház
cage [kaʒ] *f* ketrec, kalitka
cahier [kaje] *m* füzet
caillou [kaju] *m* kavics
caisse [kɛs] *f* láda,*(comptoir, coffre)* pénztár
caissier [kɛsje] *m* pénztáros
calcul [kalkyl] *m* számítás, számolás; *Méd* epekő
calculatrice [kalylatʀis] *f* számológép
calculer [kalkule] *v* számolni, kiszámitani
caleçon [kalsɔ̃] *m* alsónadrág
calendrier [kalɑ̃dʀije] *m* naptár, almanach
calmant [kalmɑ̃] *a* nyugtató
calme [kalm] *a* csendes
calmer [kalme] *v* megnyugtatni, elcsendesíteni, enyhíteni, **se ~** lecsillapodni; *(faim, soif)* csillapítani
calvaire [kalvɛʀ] *m* kálvária
camarade [kamaʀad] *m* bajtárs, pajtás, elvtárs, cimbora
caméra [kameʀa] *f* filmfelvevőgép
camion [kamjɔ̃] *m* tehergépkocsi
camionnette [kamjɔnɛt] *f* kis teherszállító autó
camp [kɑ̃] *m* tábor, *(jeu)* oldal
campagne [kɑ̃paɲ] *f* vidék, hadjárat; **~de publicité**

reklámhadjárat; ~ *(entreprise)* mozgalom; **faire ~** *(politique)* kampány
camper [kɑ̃pe] *v* táborozni
camping [kɑ̃piŋ] *m* **terrain de ~** kemping
camping-car [kɑ̃piŋkaʀ] lakókocsi, kempingautó
canal [kanal] *m* csatorna, kanális
canapé [kanape] *m* dívány
canard [kanaʀ] *m* kacsa
cancer [kɑ̃sɛʀ] *m* *(Méd)* rák
canine [kanin] *f* szemfog
canne [kan] *f* nád, sétapálca, bot; **~ à pêche** horgászbot
canon [kanɔ̃] *m* ágyú
canot [kano] *m* csónak
cantique [kɑ̃tik] *m* himnusz
canton [kɑ̃tɔ̃] *m* járás
capable [kapabl] *a* rátermett, **être ~ (de)** hozzáértő, ügyes
capitaine [kapitɛn] *m* parancsnok, kapitány
capitale [kapital] *f* főváros, nagybetű
caprice [kapʀis] *m* szeszély, hóbort
capsule [kapsyl] *f* kapszula, tok
capter [kapte] *v* lehallgatni, elnyerni, (be ~/fel~)fogni (TVadást), *(chimie)* megkötni
capturer [kaptyʀe] *v*, elfogni, megfogni
car [kaʀ] *conj* elvégre
car [kaʀ] *m* autó
caractère [kaʀaktɛʀ] *m jellem,* jelleg
carambolage [kaʀɑ̃bɔlaʒ] *m* karambol
caravane [kaʀavan] *f* karaván
carburant [kaʀbyʀɑ̃] *m* hajtóanyag
cardiaque [kaʀdjak] *a* szívbeteg; **crise ~** infarktus
caresse [kaʀɛs] *f* simogatás

caresser [kaʀese] *v* simogatni
cargaison [kaʀgɛzɔ̃] *f* rakomány, szállítmány, teher
carnaval [kaʀnaval] *m* farsang
carnet [kaʀnɛ] *m* füzet
carotte [kaʀɔt] *f* répa, sárgarépa
carré [kaʀe] *a* négyzet alakú, négyszögletes, pontos
carrefour [kaʀfuʀ] *m* kereszteződés
cartable [kaʀtabl] *m* táska
carte [kaʀt] *f* kártya, mappa, lap; ~ **d'identité** -személyigazolvány; ~ **bancaire** hitelkártya; ~ **postale** -levelezőlap
carton [kaʀtɔ̃] *m* karton, (papír)doboz, skatulya
cas [ka] *m* eset, ok; **au ~ où** abban az esetben; **en aucun ~** semmi esetre sem
casier [kazje] *m* rekesz, **~judiciaire** bűnügyi nyilvántartó
casque [kask] *m* sisak, bukósisak
casquette [kaskɛt] *f* sapka
cassé [kase] *a* törött, rokkant, letört, megtört, roskatag
casse-croûte [kaskʀut] *m* uzsonna
casser [kase] *v* törni (el~/fel~/le~/össze~), **se ~** elszakadni
casserole [˘kasʀɔl] *f* lábos, serpenyő
casse-tête [kastɛt] *m* fejtörő
cassette [kasɛt] *f* kazetta
cassis [kasi] *m (fruit)* fekete ribiszke
catalogue [katalɔg] *m* katalogus
catastrophe [katastʀɔf] *f* szerencsétlenség, vész
catégorie [kategɔʀi] *f* típus, osztály, nem
cathédrale [katedʀal] *f* dóm, székesegyház
catholique [katɔlik] *a & m* katolikus
cauchemar [kɔʃmaʀ] *m* rémkép, szorongás

cause [koz] *f* ok, indíték; **à ~ de** miatt
causer[1] [koze] *v* okozni vkinek vmit
causer[2] [koze] *v (parler)* beszélgetni
cavalier [kavalje] *m* lovas, táncos, udvarias
cave [kav] *f* pince
ce [sə], **c'** [s] *pron* ez, az, ezzel, ilyen módon; **c'est moi** én vagyok (az)
ce [sə], **cet** [sɛt], **cette** [sɛt] *pron* ez a/az, az a/az
ces [se] *pron* ezek az, azok az; **ce qui** aki; **ce que** ami/amit
ceci [səsi] *pron* ez, ez itt; **comme ~** mint ez, (ezt); **~ même** ugyanaz
céder [sede] *v* engedni, elszakadni, odeadni
ceinture [sɛ̃tyʀe] *f* öv; **~ de sécurité** biztonsági öv
cela [səla] *pron* az, az ott; **comme ~**, mint az (azt)
célèbre [selɛbʀ] *a* híres
célibataire [selibatɛʀ] *a* nőtlen
celte [sɛlt] kelta
celtique [sɛltik] *a* kelta
celui [səlɥi] *m*, **ceux** [sə] *m pl*, **celle** [sɛl] *f*, **celles** [sɛll] *f pl pron* ez, az, ezek, azok, ő, ők; **~-ci** /**~-là** ez, az , amaz; **cette pomme-ci** ez az alma; **cette pomme-là** az az alma; **cette pomme (là-bas)** ott az az alma
cendre [sɑ̃dʀ] *f* hamú
cendrier [ʃɑ̃dʀije] *m* hamútartó
cent [sɑ̃] száz; **pour ~** százalék
centaine [sɑ̃tɛn] *f* **une ~** körülbelül száz
centime [sɑ̃tim] *m* cent, fillér; **~ d'euro** cent
centimètre [sɑ̃timɛtʀ] *m* centiméter
central [sɑ̃tʀal] *a* központi
centrale [sɑ̃tʀal] *f* erőmű(telep)
centre [sɑ̃tʀ] *m* központ, **~ commercial** vásárló

központ
cependant [səpɑ̃dɑ̃] *adv* azonban, ugyanakkor, de, ezalatt
cercle [sɛʀkl] *m* kör, egylet
cercueil [sɛʀkœj] *m* koporsó
céréale [seʀeal] *f* gabona
cérémonie [seʀemɔni] *f* szertartás, ünnepély
cerf [sɛʀ] *m* szarvas
cerf-volant [sɛʀvɔlɑ̃] *m* papirsárkány, szarvas-bogár
cerise [səʀiz] *f* cseresznye
certain [sɛʀtɛ̃] *a* biztos, bizonyos **un ~ jour** egy bizonyos napon
certainement [sɛʀtɛnmɑ̃] *adv* természetesen bizonyára, persze
certificat [sɛʀtifika] *m* bizonyítvány, tanúsítvány
cerveau [sɛʀvo] *m* agy
cesse [sɛs] *f* megszűnés; **sans ~** szünet nélkül
cesser [sese] *v* szűnni, megszűnni, elmúlni
chacun [ʃakœ̃] *pron* összes, minden; **~ le sien**; mindenkinek megvan a magá(é) **~ avait une voiture** mindenkinek volt egy kocsija
chagrin [ʃagʀɛ̃] *m* bánat, szomorúság, bánkódás
chaîne [ʃɛn] *f* hálózat, lánc
chair [ʃɛʀ] *f* hús
chaise [ʃɛz] *f* szék
chaleur [ʃalœʀ] *f* melegség, forróság
chambre [ʃɑ̃bʀ] *f* szoba, kamara, fülke
champ [ʃɑ̃] *m* mező, tér, föld, lap, tábla; *(de course)* mezőny
champignon [ʃɑ̃piɲɔ̃] *m* gomba
champion [ʃɑ̃pjɔ̃] *m* bajnok
championnat [ʃɑ̃pjɔna] *m* bajnokság
chance [ʃɑ̃s] *f* szerencse

change [ʃɑ̃ʒ] *m* pénzváltás
changement [ʃɑ̃ʒmɑ̃] *m* változás
changer [ʃɑ̃ʒe] *v* változni (meg˘), *(argent)* pénzt váltani; **se ~ en** átalakulni vmivé
chanson [ʃɑ̃sɔ̃] *f* ének, dal, nóta, sanzon
chant [ʃɑ̃] *m* dal, szólam, *(littérature)* ének
chanter [ʃɑ̃te] *v* dalolni
chanteur [ʃɑ̃tœʀ] *m* énekes
chantier [ʃɑ̃tje] *m* (ipar~/szén~/fa~)telep
chapeau [ʃapo] *m* kalap, sapka
chapelle [ʃapɛl] *f* kápolna
chaque [ʃak] *a* minden, minden egyes, mindenki, mind; *(temps)* **~ fois (que)** minden egyes alkalommal; **~ jour** minden nap; **~ nuit** minden éjjel
charbon [ʃaʀbɔ̃] *m* szén
charcuterie [ʃaʀkytʀi] *f (viande)* hentesáru
chardon [ʃaʀdɔ̃] *m* bogáncs
charge [ʃaʀʒ] *f* teher, vád, tisztség, töltés, fuvar
chargé [ʃaʀʒe] *a* töltött, terhelt; **~ de** *(fonction)* megbízott
charger [ʃaʀʒe] *v* rakni vmire, felvesz, megrohamoz
charme [ʃaʀm] *m* csinosság
charrette [ʃaʀɛt] *f* szekér
charrue [ʃaʀy] *f* eke
chasse [ʃas] *f* vadászat, űzés, hajsza; **~ d'eau** vízöblítés (WC)
chasser [ʃase] *v (gibier)* vadászni, *(expulser)* elűzni, elhajtani, elterelni
chasseur [ʃasœʀ] *m* vadász
chat [ʃa] *m* macska, cica
châtaigne [ʃatɛɲ] *f* szelidgesztenye
château [ʃato] *m* kastély, vár

chatouiller [ʃatujɛ] *v* csiklandozni
chaud [ʃo] *a* meleg; **j'ai** ~ melegem van
chaudière [ʃodjɛʀ] *f* kazán
chauffage [ʃofaʒ] *m* fűtés, befűtés, tüzelés
chauffer [ʃofe] melegíteni (fel~), hevíteni, fűteni; **se** ~ melegedni, sütkérezni
chauffeur [ʃofœʀ] *m* autóvezető
chaussette [ʃosɛt] *f* zokni, harisnya
chausson [ʃosɔ̃] *m* papucs
chaussure [ʃosyʀ] *f* cipő
chauve [ʃov] *a* kopasz
chauve-souris [ʃovsuʀi] *f* denevér
chef [ʃɛf] *m* főnök, főszakács
chef-d'œuvre [ʃɛdœvʀ] *m* remekmű
chemin [ʃəmɛ̃] *m* gyalogút, ösvény, összekötő; ~ **de fer**, vasút
cheminée [ʃəmine] *f* kémény, kandalló
chemise [ʃəmiz] *f* ing; ~ **de nuit** -hálóing
chêne [ʃɛn] *m* tölgyfa
chèque [ʃɛk] *m* csekk
cher [ʃɛʀ] *a* drága
cher, chère [ʃɛʀ] *a* kedves
chercher [ʃɛʀʃe] *v* keresni
chéri(e) [ʃeʀi] *a* szeretett, édes
cheval [ʃəval] *m* ló; **faire du** ~ lovagolni
cheveu [ʃəvo] *m* haj
cheville [ʃəvij] *f* boka, csapszeg
chèvre [ʃɛvʀ] *f* kecske
chevreuil [ʃəvʀœj] *m* őz
chez [ʃe] *prép* -nál, -nél, hozzá, mellé; **aller** ~ **soi** hazatérni; **le** ~ **soi** otthon; ~ **moi** nálam; ~ **toi/vous** nálad, nálatok; ~ **lui/eux** nála, náluk
chien [ʃjɛ̃] *m* kutya

chier [ʃje] *v* szarni, kakálni
chiffon [ʃifɔ̃] *m* rongy
chiffre [ʃifʀ] *m* számjegy
chimie [ʃimi] *f* kémia
chimique [ʃimik] *a* vegyi (anyag)
chirurgie [ʃiʀyʀʒi] *f* sebészet
chirurgien [ʃiʀyʀʒjɛ̃] *m* sebész
choc [ʃɔk] *m* sokk, ütközés, ütés, rázkódtatás
chocolat [ʃɔkɔla] *m* csokoládé
choisir [ʃwaziʀ] *v* választani
choix [ʃwa] *m* választék
chômage [ʃomaʒ] *m* munkahiány; **être au ~** munkanélkülinek lenni
chômeur [ʃomœʀ] *m* munkanélküli
chose [ʃoz] *f* dolog
chou [ʃu] *m* káposzta
chou-fleur [ʃuflœʀ] *m* kelvirág, karfiol
chouette [ʃwɛt] *f* bagoly *(Strigidae)*; **chouette!** ez igen! nagyszerü!
chrétien [kʀetjɛ̃] *a* keresztény
chut! [ʃyt] *int*! csitt!, pszt!
chute [ʃyt] *f* esés, bukás, selejt; *(prix ..)* (ár)leszállítás, áresés
chuter [ʃyte] *v* (le)esni, lezuhanni; **faire ~** (el/le)buktatni
cicatrice [sikatʀis] *f* sebhely
cidre [sidʀ] *m* almabor
ciel [sjɛl] *m* ég; **cieux** menny
cigare [sigaʀ] *m* szivar
cigarette [sigaʀɛt] *f* cigaretta
cil [sil] *m* szempilla
cime [sim] *f* (hegy~/fa~)csúcs
ciment [simɑ̃] *m* cement

cimetière [simtjɛʀ] *m* temető
cinéma [sinema] *m* mozi
cinq [sɛ̃k] *num* öt
cinquante [sɛ̃kɑ̃t] *num* ötven
cinquième [sɛ̃kjɛm] *a* ötödik, ötöd
cirage [siʀaʒ] *m* cipőkenőcs
circuit [siʀkɥi] *m* körpálya, versenypálya, áramkör
circulation [siʀkylɑsjɔ̃] *f* áramlás; *(traffic)* forgalom
circuler [siʀkyle] *v* közlekedni, forogni; *(liquide)* áramlani
cirque [siʀk] *m* cirkusz
ciseaux [sizo] *mpl* olló, véső
cité [site] *f* lakótelep
citron [sitʀɔ̃] *m* citrom
citrouille [sitʀuj] *f* dísztök
civilisation [sivilizɑsjɔ̃] *f* civilizáció, kiművelődés
clair [klɛʀ] *a* világos, tiszta, érthető; ~ **de lune** holdvilág
clandestin [klɑ̃dɛstɛ̃] *a (situation)* rejtett, tilalmas, titkos
claquer [klake] *v* pattanni, csattanni, csapódni *(porte)* becsapódni
clarté [klaʀte] *f* világosság
classe [klas] *f* osztály
classer [klase] *v* osztályozni, rangsorolni
classeur [klasœʀ] *m* iratgyűjtő, iratrendező
classique [klasik] *a* klasszikus
clavier [klavje] *m* billentyűzet
clé, clef [kle] *f* kulcs
clergé [klɛʀʒe] *m* papság, egyházi rend
client [klijɑ̃] *m* ügyfél, vásárló, páciens
clignotant [kliɲɔtɑ̃] *m* villogó, pislogó
climat [klima] *m* éghajlat, légkör

clinique [klinik] *f* klinika
cliquer [klike] *v* kattintani
cloche [klɔʃ] *f* harang, kolomp
cloison [klwazɔ̃] *f* válaszfal
clou [klu] *m* szög
clown [klun] *m* bohóc
coccinelle [kɔksinɛl] *f* katicabogár
cochon [kɔʃɔ̃] *m* disznó
code [kɔd] *m* jel, rejtjel; ~ **postal** irányítószám
cœur [kœʀ] *m* szív; *(cartes)* kőr; **du fond du** ~ tiszta szívből; **de bon** ~ szivesen, önzetlenül; **par** ~ fejből tudja
coffre [kɔfʀ] *m* láda
cogner [kɔɲe] *v* beverni, be-(le-)ütni
coiffe [kwaf] *f* fejdísz, hajviselet
coiffer [kwafe] *v* fejére tenni (qqc); **se** ~ **les cheveux** fésülködni
coiffeur [kwafœʀ] *m* fodrász
coiffure [kwafyʀ] *f*, hajviselet
coin [kwɛ̃] *m* zug, szöglet (száj~)
colère [kɔlɛʀ] *f* harag; **il est en** ~ haragszik
colis [kɔli] *m* csomag, küldemény
collaborer [kɔlabɔʀe] *v* közreműködni
collant [kɔlɑ̃] *m* ragadós, tapadós; *(bas)* harisnya
colle [kɔl] *f* ragasztó
collection [kɔlɛksjɔ̃] *f* gyűjtemény
collège [kɔlɛʒ] *m* kollégium
collégien [kɔleʒjɛ̃] *m* gimnazista, diák
collègue [kɔlɛg] *m* kolléga, (szak˜/kar˜)társ
coller [kɔle] *v* (le)ragasztani; **se** ~ (oda˜/hozzà˜)simulni, rátapadni
collier [kɔlje] *m* nyaklánc, nyakék, örv
colline [kɔlin] *f* domb, halom

collision [kɔlizjɔ̃] *f* összeütközés
colombe [kɔlɔ̃b] *f* galamb
colonie [kɔlɔni] *f* telep, gyarmat,
colonne [kɔlɔn] *f* oszlop; *(de journal)* hasábcikk; **~ vertébrale** gerinc
colorer [kɔlɔʀe] *v* színezni, **colorier** [kɔlɔʀje] kifesteni
combat [kɔ̃ba] *m* harc; küzdelem, *(sport)* verseny
combattre [kɔ̃batʀ] *v* harcolni
combien [kɔbjɛ̃] *adv* hányféle?; *(quantité, valeur)* **~ de temps** mennyi (idő)?
comestible [kɔmɛstibl] *a* fogyasztható
comique [kɔmik] *a* nevetséges
commander [kɔmɑ̃de] *v* parancsolni, vezérelni
comme [kɔm] *prép* mint, ahogy
commencement [kɔmɑ̃smɑ̃] *m* kezdet
commencer [kɔmɑ̃se] *v* (el~/meg~)kezdeni
comment [kɔmɑ̃] *adv* hogyan
commerçant [kɔmɛʀsɑ̃] *m* kereskedő
commerce [kɔmɛʀs] *m* kereskedelem
commission [kɔmisjɔ̃] *f* megbízás, bizottság, jutalék
commode [kɔmɔd] *af* kényelmes, fiókos szekrény
commun [kɔmœ̃] *a* közönséges, közös
commune [kɔmyn] *f* helység
communication [kɔmynikɑsjɔ̃] *f* értesítés, közlés, *(téléphonique)* (telefon)összeköttetés / beszélgetés
compact [kɔ̃pkat] *a* tömör, sűrű
compagnie [kɔ̃paɲi] *f* társaság, társulat
compagnon [kɔ̃paɲɔ̃] *m* társ, bajtárs
comparaison [kɔ̃paʀɛzɔ̃] *f* hasonlat, összehasonlítás **en ~ de** vmihez képest
comparer [kɔ̃paʀe] *v* összehasonlítani
compartiment [kɔ̃paʀtimɑ̃] *m* fülke, rekesz,

kocsiszakasz
compas [kɔ̃pa] *m* tájoló, körző
compatriote [kɔ̃patʀijɔt] *m* honfitárs
compétition [kɔ̃petisjɔ̃] *f* verseny
complainte [kɔ̃plɛ̃t] *f* panasz, sirám, siralmas ének
complet [kɔ̃plɛ] *a* teljes, öltöny, hiánytalan, megtelt
complètement [kɔ̃plɛtmɑ̃] *adv* teljesen
compléter [kɔ̃plete] *v* kiegészíteni
compliment [kɔ̃plimɑ̃] *m bók*, gratuláció
compliqué [kɔ̃plike] *a* bonyolult
comportement [kɔ̃pɔʀtəmɑ̃] *m* viselkedésmód
comporter [kɔ̃pɔʀte] *v* tartalmazni; **se ~** viselkedni
compote [kɔ̃pɔt] *f* befőtt
comprendre [kɔ̃pʀɑ̃dʀ] *v* érteni, felfogni
comprimé [kɔ̃pʀime] *m* tabletta
compte [kɔ̃t] *m* számla, számlálás, számítás; **se rendre ~** rájönni vmire; **en fin de ~** végül is
compter [kɔ̃te] *v* számolni; **~ (sur)** számitani vmire, vkire
comptoir [kɔ̃twaʀ] *m* fiók, pult
con [kɔ̃] *m*, **conne** [kɔn] *f* bunkó, fajankó
concert [kɔ̃sɛʀ] *m* hangverseny *(musique)*
conclure [kɔ̃klyʀ] *v* befejezni, következtetni
concours [kɔ̃kuʀ] *m* pályázat, verseny, selejtező-(vizsga), hozzájárulás
concret [kɔ̃kʀɛ] *a* konkrét, kézzelfogható
concubin [kɔ̃kybɛ̃] *m* **concubine** [kɔ̃kybin] *f* élettárs, vadházas, ágyas
condamner [kɔ̃dɑne] *v* elítélni
condition [kɔ̃disjɔ̃] *f* állapot, körülmény, *(clause)* feltétel; *(situation)* helyzet
condoléances [kɔ̃dɔleɑ̃s] *pl* részvétnyilatkozat
conducteur [kɔ̃dyktœʀ] *m* vezető, jármű~; munka~

conduire [kɔ̃dɥiʀ] *v (piloter)* vezetni, irányítani, hajtani, terelni
confiance [kɔ̃fjɑ̃s] *f* bizalom
confiture [kɔ̃fityʀ] *f* lekvár
confort [kɔ̃fɔʀ] *m* kényelem
confortable [kɔ̃fɔʀtabl] *a* kényelmes
confronter [kɔ̃fʀɔ̃te] *v* szembesíteni
congé [kɔ̃ʒe] *m* szabadság, elbocsátás; **~s scolaires** iskolaszünet
congélateur [kɔ̃ʒelatœʀ] *m* mélyhűtő (készülék)
congre [kɔ̃gʀ] *m* tengeri angolna *(Leptocephalus conger)*
congrès [kɔ̃gʀɛ] *m* kongresszus
conjoint [kɔ̃jwɛ̃] *m* házastárs
conjugaison [kɔ̃ʒygɛzɔ̃] *f* igeragozás
connaissance [kɔnɛsɑ̃s] *f* ismeret
connaître [kɔnɛtʀ] *v* ismerni (meg˜)
conscience [kɔ̃sjɑ̃s] *f* eszmélet, (ön)tudat, lelkiismeret
conseil [kɔ̃sɛj] *m* tanács, tanácsadás
conseiller [kɔ̃sɛje] *m* tanácsadó
conseiller [kɔ̃sɛje] *v* tanácsot adni vkinek
consentir [kɔ̃sɑ̃tiʀ] *v* hozzájárulni vmihez
conséquent [kɔ̃sekɑ̃] következetes; **par ~** ennélfogva, azért, ezért, eszerint
conserver [kɔ̃sɛʀve] *v* megőrizni, tartósítani
consolation [kɔ̃sɔlasjɔ̃] *f* vigasz
console [kɔ̃sɔl] *f* tartó, (ordinateur) konzol
consoler [kɔ̃sɔle] *v* vigasztalni (meg˜)
consommateur [kɔ̃sɔ̃matœʀ] *m* fogyasztó
constamment [kɔ̃stamɑ̃] *adv* állandóan
consternant [kɔstɛʀnɑ̃] *a* lesújtó
construction [kɔ̃stʀyksjɔ̃] *f* építkezés, szerkesztés

construire [kɔstʀɥiʀ] *v* építeni, tervezni, szerkeszteni
contact [kɔ̃takt] *m* érintés, kontaktus; **entrer en ~ (avec)** kapcsolatba lépni vmivel, vkivel
conte [kɔ̃t] *m* történet, mese
contemporain [kɔ̃tɑ̃pɔʀɛ̃] *a* jelenkori, kortárs
content [kɔ̃tɑ̃] *a* elégedett
conter [kɔ̃te] *v* mesélni
continent [kɔ̃tinɑ̃] *m* világrész, szárazföld
continuer [kɔ̃tinɥe] *v* folytatni
contraceptif [kɔ̃tʀasɛptif] *m* fogamzásgátló
contraindre [kɔ̃tʀɛ̃dʀ] *v* kényszeríteni
contraire [kɔ̃tʀɛʀ] *a* ellentét, ellenkező; **au ~** ellenkezőleg
contrat [kɔ̃tʀa] *m* szerződés
contre [kɔ̃tʀ] *prép* ellen
contrôle [kɔ̃tʀol] *m* ellenőrzés
contusion [kɔ̃tyzjɔ̃] *f* zúzódás
convaincre [kɔ̃vɛ̃kʀ] *v* rábeszélni, meggyőzni
convalescence [kɔ̃valesɑ̃] *f* lábadozás
convenir [kɔ̃vniʀ] *v* illeni vkihez, vmihez
conversation [kɔ̃vɛʀsɑsjɔ̃] *f* társalgás, beszélgetés
converser [kɔ̃vɛʀse] *v* beszélgetni, társalogni
copain [kɔpɛ̃] *m* pajtás, haver
copie [kɔpi] *f* másolat, utánzat
coq [kɔk] *m* kakas
coquillage [kokijaʒ] *m* kagyló(féle)
corbeau [kɔʀbo] *m* holló
corbeille [kɔʀbɛj] *f* kosár
corde [kɔʀd] *f* kötél
cormoran [kɔʀmɔʀɑ̃] *m* kormorán
corne [kɔʀn] *f* szarv, csáp
cornemuse [kɔʀnəmyz] *f* duda

corps [kɔʀ] *m* test, tetem, holttest
corpulent [kɔʀpylɑ̃] *a* testes, köpcös
correct [kɔʀɛkt] *a* rendes, hibátlan, illő
corridor [kɔʀidɔʀ] *m* folyosó
corriger [kɔʀiʒe] *v* kijavítani, helyesbíteni, megfenyíteni
cortège [kɔʀtɛʒ] *m* díszmenet
cosmonaute [kɔsmɔnot] *m* űrrepülő
cosmos [kɔsmɔs] *m* világegyetem
costume [kɔstym] *m* öltöny, kosztüm
côte [kot] *f* part
côté [kote] *m* oldal; **à ~ (de)** vmi, vki mellett
côtelette [kotlɛt] *f* bordaszelet
cotisation [kɔtizɑsjɔ̃] *f* hozzájárulás
coton [kɔtɔ̃] *m* gyapot, pamut
cou [ku] *m* nyak
coucher [kuʃe] *v* feküdni; fekvés, lefekvés, fektetni **se ~** lefeküdni, *(s'étendre)* elnyúlni *(soleil)* lenyugszik
coude [kud] *m* könyök
coudre [kudʀ] *v* varrni
couette [kwɛt] *f* dunyha, hálózsák
couler [kule] *v (eau)* folyni, *(sombrer)* elsüllyedni
couleur [kulœʀ] *f* szín
couloir [kulwaʀ] *m* folyosó
coup [ku] *m* ütés, csapás; **~ de feu** durranás; **~ de vent** szélroham; **~ de tonnerre** dörgés
coupable [kupabl] *a* bűnös
couper [kupe] *v* vágni, szelni, nyírni; **se ~** megvágni (saját magát)
couple [kupl] *m* pár, emberpár
cour [kuʀ] *f* udvar; **~ de justice** bíróság; **faire la ~** udvarolni

courage [kuʀaʒ] *m* bátorság
courageux [kuʀaʒo] *a* bátor, hősies
courant [kuʀɑ̃] *m* áram; **cours d'eau** ár/áramlat; **eau courante** folyóvíz; ~ **électrique** villamos áram; ~ **d'air** léghuzat; **je suis au** ~ tudomásom van róla
courbatures [kuʀbatyʀ] *fpl* izomláz
coureur [kuʀœʀ] *m* futó, csapodár
courir [kuʀiʀ] *v* futni, szaladni; ~ **les filles** fut a lányok után
couronne [kuʀɔn] *f* korona, koszorú
courriel [kuʀjɛl] *m* e-mail
courrier [kuʀje] *m* levélposta
cours [kuʀ] *m (leçon)* előadás, óra; *(taux)* árfolyam; ~ **d'eau** vízfolyás; **au** ~ **(de)** alatt, közben
course [kuʀs] *f* futás; *(collective)* futóverseny
court [kuʀ] *a* rövid
cousin [kuzɛ̃] *m* unokabáty; ~ **germain** elsőfokú ~
cousine [kuzin] *f* unokanővér
coussin [kusɛ̃] *m* párna
coût [ku] *m* ár, költség
couteau [kuto] *m f* kés
coûter [kute] *v* kerülni vmibe; **ça coûte combien?** mennyibe kerül? **coûte que coûte** ha törik... ha szakad
coûteux [kuto] *a* költséges, drága
coutume [kutym] *f* szokás
couvercle [kuvɛʀkl] *m* fedő, fedél
couvert [kuvɛʀ] *a* fedett, védett
couverture [kuvɛʀtyʀ] *f* fedél, boriték, terítő; *(de lit)* takaró
couvrir [kuvʀiʀ] *v* takarni, párosodni, rátenni
crabe [kʀab] *m* tengeri rák

cracher [kRaʃe] *v* köpni
crachin [kRaʃɛ̃] *mf* szitáló eső
craindre [kRɛ̃dR] *v* félni vmitől
crainte [kRɛ̃t] *f* aggály, félelem
craintif [kRɛ̃tif] *a* félénk
crampe [kRɑ̃p] *f* görcs, vaskapocs, izomláz, szorítás, vaskapocs
crâne [kRɑn] *m* koponya
crapaud [kRapo] *m* béka, varangyosbéka
cravate [kRavat] *f* nyakkendő
crayon [kRɛjɔ̃] *m* ceruza
crèche [kRɛʃ] *f* bölcsőde; *(garderie)* óvoda, napközi otthon
crédit [kRedi] *m* hitel
créer [kRee] *v* alkotni
crème [kRɛm] *f* krém, tejszín; ~ **glacée** fagylalt
crêpe [kRɛp] *f* palacsinta
crêperie [kRɛpRi] *f* palacsintasütő
crépuscule [kRepyskyl] *m* alkonyat, szürkület
creuser [kRøze] *v* ásni
creux [kRø] *a* üreges, kivájt, üres; **assiette creuse** mélytányér
crever [kRəve] *v* felhasítani, repeszteni; *(cœur)* facsarni (szívet)
crevette [kRəvɛt] *f* garnélarák *(Panaeus, Palaeemon, Crangon, etc)*
cri [kRi] *m* kiáltás, sikoltás
crier [kRije] *v* kiáltani, üvölteni
crime [kRim] *m* bűn, bűncselekmény
criminel [kRiminɛl] *m* bűnöző bűnügyi, bűnös (ember)
crique [kRik] *f* kis tengeröböl
crise [kRiz] *f* krízis, *(mal)* roham; *(période)* válság

critiquer [kritike] *v* bírálni, kifogásolni
croire [krwar] *v* hinni, vélni
croissance [krwasɑ̃s] *f* növekedés
croissant [krwasɑ̃] *a/m* növekvő, fejlődő, emelkedő, fokozódó, kifli
croître [krwatr] *v* gyarapodni, fejlődni, nőni
croix [krwa] *f* kereszt
croûte [krut] *f* kéreg, *(***pain***)* kenyérhéj; *(***plaie***)* var, heg; **casser la ~** uzsonnázni
cru [kry] *a* nyers
cruauté [kryote] *f* kegyetlenség
crudités [krydite] *fpl* nyers(esség) / saláta
cruel [kryɛl] *a* kegyetlen
cube [kyb] *m* kocka
cueillir [kœjir] *v* szedni, leszedni, felfogni, szüretelni, elcsípni vkit
cuiller, cuillère [kɥijɛr] *f* kanál
cuir [kɥir] *m* bőr
cuire [kɥir] *v* sütni, főzni, égetni
cuisine [kɥizin] *f* konyha; *(art)* főzés
cuisiner [kɥizine] *v* főzni
cuisinier [kɥizinje] *m* szakács
cuisse [kɥis] *f* comb
cuit [kɥi] *a* sült, főtt, részeg,
cuivre [kɥivr] *m* réz
cul [ky] *m* segg, üllep
cultivateur [kyltivatœr] *m* földművelő
cultivé [kyltive] *a* kulturált, *(instruit)* művelt
cultiver [kyltive] *v* termeszteni, művelni
culture [kyltyr] *f* tenyészet; *(civilisation)* műveltség
culturel [kyltyrɛl] *a* kulturális, közművelődési
curé [kyre] *m* plébános
curieux [kyrjø] *a* kíváncsi, érdekes; *(étrange)*

különös

cycle [sikl] *m* periódus, ciklus

cycliste [siklist] *m* kerékpáros

cyclomoteur [siklɔmɔtœʀ] *m* robogó

cygne [siɲ] *m* hattyú

cylindre [silɛ̃dʀ] *m* henger

D

d'accord *(être ~)* [akɔʀ] *adv* egyetérteni (vmivel)

dalle [dal] *f* kőlap

dame [dam] *f* asszony; *(cartes, jeux)* dáma

danger [dɑ̃ʒe] *m* veszély; **en ~ de mort** életveszélyben

dangereux [dɑʒʀø] *a* veszélyes

dans [dɑ̃] *prép* -ban,-ben, között, közé, múlva; **~ deux mois** két hónap múlva

danse [dɑ̃s] *f* tánc

danser [dɑ̃se] *v* táncolni

date [dat] *f* dátum; *(année)* évszám; **~ limite** fogyasztási határidő

dauphin [dofɛ̃] *m (zool)* delfin **Dauphin** trónörökös

davantage [davɑ̃taʒ] *adv* inkább, jobban

de [də] *prép* -tól, -töl, -től, -nál, -nél, -nak,- nek

dé [de] *m (à jouer)* kocka

débarrasser [debaʀase] *v* megválni vmitöl, **se ~ de** lerázni vkit, vmit

déborder [debɔʀde] *v* kicsordulni, kiáradni, elözönleni, túlfolyni

déboucher [debuʃe] *v* betorkollni; **~sur** kijutni vhová

debout [dəbu] *adv* álló, állva

débrouiller [debʀuje] *v* tisztázni; **se ~** boldogulni
début [deby] *m* kezdet, eleje vminek
décéder [desede] *v* elhunyni, meghalni
décembre [desɑ̃bʀ] *m* december
décent [desɑ̃] *a* tisztességes
déception [desɛpsjɔ̃] *f* csalódás, kiábrándulás
décès [desɛ] *m* halál(eset)
décevoir [dɛsvwaʀ] *v* kiábránditani
décharge [deʃaʀʒ] *f* lerakás, könnyítés, felmentvény, sortűz; **~ publique** szeméttelep
décharger [deʃaʀʒe] *v* tehermentesíteni, kiüríteni
déchet [deʃɛ] *m* szemét
déchetterie [deʃɛtʀi] *f* szeméttelep
déchirer [deʃiʀe] *v* széttépni szakítani, **se ~** elszakadni, gyötrődni
décider [deside] *v* elhatározni vmit, dönteni, eldönteni; **être ~é** eltőkélt(nek lenni) vmire
déclarer [deklaʀe] *v* kijelenteni, bejelenteni, bevallani
décoller [dekɔle] *v* elválasztani, leszakítani; *(avion)* felszállni
décorer [dekɔʀe] *v* díszíteni, kitüntetni
découper [dekupe] *v* (ki /szét~)vágni
décourager [dekuʀaʒe] *v* elkedvetleníteni, **se ~** elcsüggedni, letörni, elkedvetlenedni
découvrir [dekuvʀiʀ] *v* felfedezni, kideríteni **se ~** kitakaródzni
dedans [dədɑ̃] *adv* benne
défaire [defɛʀ] *v* szétszedni, felfejteni
défaite [defɛt] *f* vereség
défaut [defo] *m* hiba
défendre [defɑ̃s] *v* védeni, meg~
défense [defɑ̃s] *f* védelem, védekedés, tilalom,

agyar; ~ **de fumer** dohányozni tilos
dégât [dega] *m* kár
dégoûtant [degutɑ̃] *a* gusztustalan
degré [degʀe] *m* fokozat, fok
dehors [dəɔʀ] *adv* kint
déjà [deʒa] *adv* már
déjeuner [dejœne] *m* ebéd; **petit ~** reggeli, **prendre le petit ~** reggelizni
délicieux [delisjo] *a* finom, élvezetes
demain [dəmɛ̃] *adv* holnap; **à ~!**
demande [dəmɑ̃d] *f* folyamodvány, beadvány, kereslet
demander [dəmɑ̃de] *v* kérni, kérdezni, hívni vmit/vkit; **se ~** szeretné tudni (hogy), kételkedni
démangeaison [demɑ̃ʒɛzɔ̃] *f* bőrviszketegség
déménager [demenaʒe] *v* költözni
demeurer [dəmœʀe] *v (habiter)* lakni, élni
demi [dəmi] *a* fél
demi-heure [dəmijœʀ] *f* félóra
démocrate [demɔkʀat] *a & m* demokrata
demoiselle [dəmwazɛl] *f* ifjú hölgy
démolir [demɔliʀ] *v* rombolni, lehordani, ledönteni
dent [dɑ̃] *f* fog
dentelle [dɑ̃tɛl] *f* csipke
dentifrice [dɑ̃tifʀis] *m* fogkrém
déodorant [deɔdɔʀɑ̃] *m* szagtalanitó
dépanner [depane] *v* kisegíteni vkit, kijavítani vmit
dépêcher [depeʃe] *v* **se ~** sietni
dépense [depɑ̃s] *f* költség
dépenser [depɑ̃se] *v* elkölteni
dépérir [depeʀiʀ] *v* elsorvadni, elhalni
depuis [dəpɥi] *prép* óta, azóta, ezóta, fogva, kezdve
député [depyte] *m* képviselő

déranger [deʀɑ̃ʒe] *v* alkalmatlankodni, háborgatni
dernier [dɛʀnje] *a* utolsó, végső, legszélső; **l'année ~ère** a múlt évben; **le mois ~** a múlt hónapban
dernièrement [dɛʀnjɛʀmɑ̃] *adv* legutóbb, utoljára
derrière [dɛʀjɛʀ] *adv/prép* mögött
dès [dɛ] *prép* óta; **~ que** mihelyt
désagréable [dezagʀeabl] *a* kellemetlen
désastre [dezastʀ] *m* csapás, összeomlás
descendre [desɑ̃dʀ] *v* leszállni, lejönni
désert [dezɛʀ] *a/m* kietlen, sivatag
déshabillé [dezabije] *a* meztelen
déshabiller [dezabije] *v* levetkőztetni; **se ~** levetkőzni
désir [deziʀ] *m* vágy, kívánság
désobéissant [dezɔbeisɑ̃] *a* engedetlen
désordre [dezɔʀdʀ] *m* rendetlenség, zavar, fejetlenség
désormais [dezɔʀmɛ] *adv* ezután, ezentúl
dessert [desɛʀ] *m* utóétel, csemege
dessin [desɛ̃] *m* rajz, mintázat; **~s animés** rajzfilm
dessiner [desine] *v* rajzolni
dessous [dəsu] *adv* alul, alája, lent
dessus [dəsy] *adv* felett, felül
destruction [dɛstʀyksjɔ̃] *f* rombolás, pusztítás
détacher [detaʃe] *v* leoldani, elválasztani, (le~/el~)szakítani
détail [detaj] *m* részlet; **en ~** részletesen
détester [detɛste] *v* utálni
détour [detuʀ] *m* kerülő
détruire [detʀɥiʀ] *v* elpusztítani, lerombolni
dette [dɛt] *f* adósság, tartozás
deuil [dœj] *m* gyász
deux [dø] *num* kettő, két

deuxième [døzjɛm] *a* második
devant [dəvɑ̃] *adv* elé
développer [devlɔpe] *v* kifejteni, kifejleszteni, kialakítani, (*photo*) előhívni
devenir [dəvniʀ] *v* vmivé válni
deviner [dəvine] *v* kitalálni, eltalálni
devoir [dəvwaʀ] *m* kötelesség, kötelezettség, feladat, dolgozat
dévorer [dəvɔʀe] *v* felfalni
diable [djɑbl] *m* ördög
dictionnaire [diksiɔnɛʀ] *m* szótár
dieu [djø] *m* isten; **mon D~!** Istenem!
différence [difeʀɑ̃s] *f* (*qualité*) különbség, különbözet
difficile [difisil] *a* bajos, nehéz, kényes, finnyás
difficulté [difikylte] *f* nehézség
digérer [diʒeʀe] *v* emészteni, (meg~)
dimanche [dimɑ̃ʃ] *m* vasárnap
dimension [dimɑ̃sjɔ̃] *f* méret, dimenzió
diminuer [diminɥe] *v* csökkenteni
dîner [dine] *m* vacsora
dîner [dine] *v* vacsorázni
dire [diʀ] *v* mondani, beszélni, szólni; **pour ainsi ~** úgyszólván, jóformán, szinte
direct [diʀɛkt] *a* közvetlen; **en ~** közvetlen adásban
directeur [diʀɛktœʀ] *m* igazgató
discussion [diskysjɔ̃] *f* vita, beszélgetés
dispute [dispyt] *f* veszekedés, szóváltás, civakodás
disputer (se ~) [dispyte] *v* veszekedni
disque [disk] *m* (hang)lemez, korong, diszkosz, tárcsa
disquette [diskɛt] *f* hajlékony lemez, (*ordinateur*) flopi

distrait [distʀɛ] *a* szórakozott
divers [divɛʀ] *a* többféle, különböző
divertir [divɛʀtiʀ] *v* szórakoztatni
diviser [divize] *v* (el~/fel~)osztani
divorce [divɔʀs] *m* elválás, különválás
dix [dis] *num* tíz; **~-huit** tizennyolc; **~-neuf** tizenkilenc; **~-sept** tizenhét
docteur [dɔktœʀ] *m* doktor, orvos
doigt [dwa] *m* ujj
dolmen [dɔlmɛn] *m* dolmen, kőasztal
domicile [dɔmisil] *m* lakhely, lakcím
dommage [dɔmaʒ] *m* kár; **c'est** ~ sajnálatos dolog
donc [dɔ̃k] [dɔ̃] *conj* tehát
donner [dɔne] *v* adni
dormir [dɔʀmiʀ] *v* aludni
dos [do] *m* hát, hátlap
dose [doz] *f* adag
douanier [dwanje] *m* vámőr
doucement [dusmɑ̃] *adv* gyengéden, halkan
douche [duʃ] *f* zuhany
douleur [dulœʀ] *f* fájdalom
doute [dut] *m* kétség; **sans** ~ kétségtelenül, bizonyosan
douter [dute] *v* kételkedni, gyanakodni vmiben
doux [du] *a m*, **douce** [dus] *a f* édes, szelíd, halk, jóságos; *(temps)* enyhe idő
douzaine [duzɛn] *f* tucat
douze [duz] *num* tizenkettő
drap [dʀa] *m* lepedő
drapeau [dʀɑpo] *m* zászló
dresser [dʀese] *v* idomítani, betanítani
drogue [dʀɔg] *f* kábítószer, szer
droit [dʀwa] **droite** [dʀwat] *a (≠ gauche)* jobb; **à** ~

jobbra; *(rectiligne)* egyenes; *(loyal)* becsületes
droit [dʀwa] *m* jog
drôle [dʀol] *a* szórakoztató, tréfás, vicces
druide [dʀɥid] *m* kelta pap
druidisme [dʀɥidism] *f* druidizmus
duc [dyk] *m* herceg
dune [dyn] *f* homokbucka, halom
dur [dyʀ] *a* kemény, rideg
durable [dyʀabl] *a* tartós
durant [dyʀɑ̃] *prép* át; ~ **dix années** tíz éven át
durer [dyʀe] *v* eltartani (időben), létezni

E

eau [o] *f* víz
eau-de-vie [odvi] *f* pálinka
écaille [ekaj] *f* pikkely, békateknő
écart [ekɑʀ] *m* eltérés, kitérés; **à l'~** elkülönitve
échalote [eʃalɔt] *f* mogyoróhagyma *(Allium ascalonicum)*
échange [eʃɑ̃ʒ] *m* csere; **en ~** cserében
échanger [eʃɑ̃ʒe] *v* cserélni; *(contre)* becserélni, elcserélni
échapper [eʃape] *v* megmenekülni vmitől; *(en glissant)* kicsúszni
écharpe [eʃaʀp] *f* sál, kendő
échéance [eʃeɑ̃s] *f* határnap, lejárat
échéant [eʃeɑ̃] *a* esedékes; **le cas ~** szükség esetén
échec [eʃɛk] *m* kudarc, bukás, balsiker
échecs [eʃɛk] *(jeu)* sakk
échelle [eʃɛl] *f* fokozat, fokozatosság, mérték, létra, hágcsó

éclair [eklɛʀ] *m* villanás, villám
éclairage [eklɛʀɑʒ] *m* világítás
éclaircir [eklɛʀsiʀ] *v* (meg˜/fel˜)világosítani, tisztázni, **s'~** kiderülni, tisztulni
éclairer [ekleʀe] *v* világítani
éclater [eklate] *v* kitörni, elcsattanni; **~ de rire** elneveti magát
école [ekɔl] *f* iskola
écolier [ekɔlje] *m* iskolás, diák
écologie [ekɔlɔʒi] *f* ökologia
économie [ekɔnɔmi] *f* gazdasági rend, közgazdaság
économiser [ekɔnɔmize] *v* takarékosodni
écorce [ekɔʀs] *f* fakéreg; *(fruit)* héj
écossais [ekɔsɛ] *a* skót
Écosse [ekɔs] *f* Skócia
écouter [ekute] *v* hallani (meg)hallgatni
écran [ekʀɑ̃] *m* képernyő, ellenző
écraser [ekʀaze] *v* szétzúzni, összetörni, (el˜/le˜)taposni, lehengerelni, elgázolni
écrevisse [ekʀəvis] *f* folyami rák
écrire [ekʀiʀ] *v* írni
écrit [ekʀi] *m* írás, irat
écriture [ekʀityʀ] *f* írásmód
écrivain [ekʀivɛ̃] *m* iró
écume [ekym] *f* hab, tajték
écureuil [ekyʀœj] *m* mókus
écurie [ekyʀi] *f* istálló
édifice [edifis] *m* építmény
éditer [edite] *v* kinyomtatni, kiadni, közreadni
éducation [edykɑsjɔ̃] *f* nevelés, tanítás, oktatás
effacer [efase] *v* törölni, eltüntetni
effet [efɛ] *m* kihatás; **en ~** valóban, ugyanis
effort [efɔʀ] *m* erőfeszítés, fáradozás, törekvés

effrayant [efʀɛjɑ̃] *a* félelmetes, rémes, ijesztő
effrayer [efʀeje] *v* ijeszteni, **s'~** megijedni
effroi [efʀwɑ] *m* ijedelem, rémület
égal [egal] *a* egyenlő; **~ à** azonos vmivel; **ça m'est ~** nekem mindegy
église [egliz] *f* templom
élargir [elaʀʒiʀ] *v* tágítani, kiszélesíteni, bővíteni
élastique [elastik] *a/m* rugalmas, gumi(˘zsinór/~kötél)
élection [elɛksjɔ̃] *f* választás
électricien [elɛktʀisjɛ̃] *m* villanyszerelő
électricité [elɛktʀisite] *f* elektromosság, villany
électronique [elɛktʀɔnik] *a* elektronikus
élégant [elegɑ̃] *a* elegáns, választékos
élément [elemɑ̃] *m* elem, ténykörülmény, adat, szerkezeti elem
élève [elɛv] *m* tanuló, növendék, tanítvány
élevé [ɛlve] *a* magas
élever [ɛlve] *v* nevelni, felhúzni, gondozni, emelni
élire [eliʀ] *v* megválasztani
elle [ɛl] *pron* ő (nőnemű); **~s** ők
éloigner [elwaɲe] *v* eltávolitani vmit vmitöl· **s'~ (de)** eltávolódni
élu [ely] *m* (meg˘/ki˘)választott
emballage [ɑ̃balaʒ] *m* csomagolás
embarquer [ɑ̃baʀke] *v* berakodni, behajózni, **s'~** belekeveredni vmibe
embêter [ɑ̃bete] *v* bosszantani
embouteillage [ɑ̃butɛjaʒ] *m* torlódás, dugó
embrasser [ɑ̃bʀase] *v* megcsókolni
embrun [ɑ̃bʀœ̃] *m* permet
émission [emisjɔ̃] *f* adás, kibocsátás
emmener [ɑ̃mne] *v* elvezetni, elvinni

émouvoir [emuvwaʀ] *v* meghatni **s'~** meghatódni
empêcher [ɑ̃peʃe] *v* hátráltatni; **~ quelqu'un de** feltartani vkit
emplacement [ɑ̃plasmɑ̃] *m* hely (ház~), tér
emploi [ɑ̃plwa] *m* munka, alkalmazás
employé [ɑ̃plwaje] *m* alkalmazott
employeur [ɑ̃plwajœʀ] *m* munkáltató
empoisonner [ɑ̃pwazɔne] *v* megmérgezni
emporter [ɑ̃pɔʀte] *v* elvinni, elsodorni, elragadni; **s'~** felbőszülni
emprunter [ɑ̃pʀœ̃te] *v* kölcsönvenni; *(route)* rátérni egy útra
en [ɑ̃] *prép* e -ba, -be -ban, -ben -re, ból, ből, -va, ve, -ván, -vén; **l'appétit vient en mangeant** evés közben jön meg az étvágy
en [ɑ̃] *pron* adv onnan, abból, ebből, belőle, arról, erről, róla attól ettől
en face [fas] *f* arculat, felület, homlokzat, oldal **~ (de)** szemben
enceinte [ɑ̃sɛ̃t] *a* állapotos
encore [ɑ̃kɔʀ] *adv* még
encourager [ɑ̃kuʀaʒe] *v* biztatni, bátorítani
encre [ɑ̃kʀ] *f* tinta
endive [ɑ̃div] *f* endivia, salátakatáng *(Cichorium endivia)*
endormir [ɑ̃dɔʀmiʀ] *v* altatni; **s'~** elaludni
endroit [ɑ̃dʀwa] *m* helye, tája vminek, részlete vminek
énergie [enɛʀʒi] *f* energia
énergique [enɛʀʒik] *a* erélyes, energikus, tetterős
énerver [enɛʀve] *v* idegesíteni, felizgatni
enfance [ɑ̃fɑ̃s] *f* gyermekkor
enfant [ɑ̃fɑ̃s] *m* gyermek, gyerek

enfer [ɑ̃fɛʀ] *m* pokol
enfermer [ɑ̃fɛʀme] *v* bezárni
enfin [ɑ̃fɛ̃] *adv* végül, végre! nahát!
enfuir [ɑ̃fɥiʀ] *v* megszökni, elillanni
engrais [ɑ̃gʀɛ] *m* tápsó, trágya
enlever [ɑ̃lve] *v* elvinni, elvenni, eltakarítani, lefejteni *(kidnapper)* elrabolni vkit
ennemi [ɛnmi] *m* ellenség
ennui [ɑ̃nɥi] *m* unalom; **~s** bosszúság, gond
ennuyer [ɑ̃nɥije] *v* untatni; **s'~** unatkozni
ennuyeux [ɑ̃nɥijø] *a* unalmas, bosszantó
énorme [enɔʀm] *a* hatalmas, roppant nagy
enquête [ɑ̃kɛt] *f* kivizsgálás, vizsgálat, körkérdés
enregistrer [ɑ̃ʀʒistʀe] *v* (be'/fel')jegyezni, blokkolni, beírni, észlelni, iktatni
enrhumé [ɑ̃ʀyme] *a* náthás
enroué [ɑ̃ʀwe] *a* rekedt
enseignant [ɑ̃sɛɲɑ̃] *m* oktató, tanár
enseignement [ɑ̃sɛɲmɑ̃] *m* tanítás, oktatás, tanulság
enseigner [ɑ̃seɲe] *v* tanítani, oktatni
ensemble [ɑ̃sɑ̃bl] *adv* együtt
ensuite [ɑ̃sɥit] *adv* továbbá, azután, majd
entendre [ɑ̃tɑ̃dʀ] *v* meghallani, hallani
entendu [ɑ̃tɑ̃dy] *a* rendben van!, helyes!; **bien ~!** rendben van! megértettem!
enterrement [ɑ̃tɛʀmɑ̃] *m* temetés
entier [ɑ̃tje] *a* egész, teljes, ép; **en ~** egészében
entraîner [ɑ̃tʀene] *v* belevinni vkit/vmit vmibe, berántani; **s'~** trenírozni, begyakorolni
entraîneur [ɑ̃tʀɛnœʀ] *m* edző, tréner
entre [ɑ̃tʀ] *prép* közé, között
entrée [ɑ̃tʀe] *f* bemenet; *(local)* bejárat; *(repas)* előétel

entreprise [ɑ̃tʀəpʀiz] *f* vállalat, üzem
entrer [ɑ̃tʀe] *v* belépni, behatolni; **entrez!** lépjen be!
enveloppe [ɑ̃vlɔp] *f* boríték
envie [ɑ̃vi] *f* vágy, kívánság
environ [ɑ̃viʀɔ̃] *adv* körülbelül (kb.), megközelítőleg
environnement [ɑ̃viʀɔnmɑ̃] *m* környezet
envoyer [ɑ̃vwaje] *v* elküldeni, feladni, elhajítani vmit
épais [epɛ] *a* vastag, sűrű
épargner [epaʀɲe] *v* megtakarítani, takarékoskodni, megkímélni
épaule [epol] *f* váll, lapocka
épée [epe] *f* kard
épeler [ɛple] *v* betűzni
épicerie [episʀi] *f* fűszeresbolt
épine [epin] *f* tüske, tövis
épingle [epɛ̃gl] *f* tű, gombostű, hajtű
éponge [epɔ̃ʒ] *f* szivacs
épouvante [epuvɑ̃t] *f* rémület, ijedség, borzalom
époux [epu] *m* férj, **épouse** [epuz] *f* feleség
épreuve [epʀœv] *f* próba, megpróbáltatás
équilibre [ekilibʀ] *m* egyensúly
équipe [ekip] *f* csapat, brigád
érotique [eʀɔtik] *a* erotikus
erreur [ɛʀœʀ] *f* tévedés, hiba
escalier [ɛskalje] *m* lépcső
escargot [ɛskaʀgo] *m* csiga
espace [ɛspas] *m* világűr, tér
Espagne [ɛspaɲ] *f* Spanyolország
Espagnol [ɛspaɲɔl] *m* spanyol *(langue)*
espèce [ɛspɛs] *f* fajta, **payer en ~** készpénzben fizetni
espoir [ɛspwaʀ] *m* remény
esprit [ɛspʀi] *m* lélek, elme, szellemesség

essai [esɛ] *m* próba, tanulmány
essayer (de) [eseje] *v* próbálni, megpróbálni
essence [esɑ̃s] *f* benzin, illatszer
essuyer [esɥije] *v* (meg~/le~)törölni vmit
est [ɛst] *m* kelet
estomac [ɛstɔma] *m* gyomor
et [e] *conj* és, meg
étable [etabl] *f* istálló
étage [etaʒ] *m* emelet
étagère [etaʒɛʀ] *f* polc
étang [etɑ̃] *m* tó
étape [etap] *f* szakasz, fázis, részlet, *(parcours)* pihenő, állomás
état [eta] *m* ország, állapot
États-Unis [etazyni] *mpl* Egyesült Államok
été [ete] *m* nyár
éteindre [etɛ̃dʀ] *v* eloltani
éternuer [etɛʀnye] *v* tüsszenteni, prüszkölni
étincelle [etɛ̃sɛl] *f* szikra
étiquette [etikɛt] *f* címke, cédula
étoile [etwal] *f* csillag, sztár
étonnant [etɔnɑ̃] *a* bámulatos
étonner [etɔne] *v* meghökkenni **s'~** elcsodálkozni vmin
étouffer [etufe] *v* (el~/meg~)fojtani vmit, elleplezni, eloltani
étrange [etʀɑ̃ʒ] *a* különös, furcsa, feltűnő
étranger [etʀɑ̃ʒe] *a* külföldi, idegen, jövevény
étrangler [etʀɑ̃gle] *v* megfojtani; **s'~** fulladozni
être [ɛtʀ] *v* lenni; **être d'accord** [akɔʀ] egyetérteni (vmivel)
étroit [etʀwa] *a* szűk, keskeny, szoros, korlátolt
étude [etyd] *f* tanulmány, dolgozat, tanulás

étudiant [etydjã] *m* diák, egyetemista
étudier [etydje] *v* tanulni, tanulmányozni
euro [øRo] *m* euro
Europe [øRɔp] *f* Europa
européen [øRɔpeɛ̃] *m* európai
eux [ø] *pron* ők
évanouir [evanwiR] *v* **s'~** elájulni
éveiller [evɛje] *v* felébredni megelevenedni
évènement [evɛnmɑ̃] *m* jelenség
évêque [evɛk] *m* püspök
évidemment [evidamɑ̃] *adv* nyilvánvalóan
évident [evidɑ̃] *a* evidens, kézzelfogható, szemmellátható
évier [evje] *m* lefolyó
exact [ɛgza(kt)] *a* pontos, helyes, helytálló
examen [ɛgzamɛ̃] *m* vizsga
excellent [ɛksɛlɑ̃] *a* kitűnő, remek
excuse [ɛkskyz] *f* mentegetőzés, mentség
excuser [ɛkskyze] *v* megbocsátani, kimenteni; **s'~** elnézést kérni
exemple [ɛgzɑ̃pl] *m* példa; **par ~** például
exercice [ɛgzɛRsis] *m* gyakorlat
exister [ɛgzizte] *v* létezni, fennállni
expédier [ɛkspedje] *v* elszállítani, küldeni, feladni
expliquer [ɛksplike] *v* magyarázni
exposition [ɛkspɔzisjɔ̃] *f* kiállítás, tárlat, megvilágitás
exprès [ɛkspRɛ] *adv* direkt, **faire ~** akarattal tenni vmit
extérieur [ɛksteRjœR] *m/a* külső
extincteur [ɛkstɛ̃ktœR] *m* tűzoltókészülék
extraordinaire [ɛkstRaɔRdinɛR] *a* rendkívüli, páratlan

extrémité [ɛkstʀemite] *f* végződés, szélsőség, vége vminek

F

fâcher [fɑʃe] *v (être* ˜, haragudni, bosszantani; **se ~** megharagudni
facile [fasil] *a* könnyű
façon [fasɔ̃] *f* alakítás, elkészítés, kivitelezés, megmunkálás, **de toutes ~s** végül is
facteur [faktœʀ] *m* postás, tényező
facture [faktyʀ] *f* számla
facultatif [fakyltatif] *a* szabadon választható, fakultativ
faible [fɛbl] *a* gyenge, nívótlan, erőtlen
faim [fɛ̃] *f* éhség
fainéant [fɛneɑ̃] *a* munkakerülő, naplopó, léhűtő
faire [fɛʀ] *v* csinálni, tenni vmit; **il fait chaud** meleg van
fait [fɛ] *m* tény, dolog
falaise [falɛz] *f* sziklafal
falloir [falwaʀ] *v impers* kell, szükséges, muszáj; **il faut (que)** kell hogy; **il ne faut pas (manger)** nem szabad (enni)
famille [famij] *f* család
famine [famin] *f* éhínség, ínség
fantaisie [fɑ̃tezi] *f* elképzelés, fantázia
fantôme [fɑ̃tom] *m* kísértet, szellem, látomás; rém, jelenés
farine [faʀin] *f* liszt
fatigant [fatigɑ̃] *a* fárasztó
fatigué [fatige] *a* fáradt

fatiguer [fatige] fárasztani **se ~** *v* elfáradni
faute [fot] *f* tökéletlenség, hiba, vétek, bűn; **c'est de ma ~** ez az én hibám
fauteuil [fotœj] *m* karosszék; **~ roulant** tolószék
faux [fo] *a* valótlan, téves
favorable [favɔʀabl] *a* kedvező
fax [faks] *m* fax(~gép,
félicitations [felisitɑsjɔ̃] *fpl* gratuláció
féliciter [felisite] *v* gratulálni; **~ quelqu'un de** gratulálni vkinek vmiért
femelle [fəmɛl] *f* nőstény
féminin [feminɛ̃] *a* nőies, asszonyos
femme [fɑm] *f* nő; *(épouse)* feleség
fenêtre [fənɛtʀ] *f* ablak
fente [fɑ̃t] *f* hasadék, hézag, nyílás
fer [fɛʀ] *m* vas; **~ à repasser** vasaló
férié [feʀje] *a* **jour ~** ünnepnap
ferme [fɛʀm] *a* erős, szilárd, kemény
ferme [fɛʀm] *f* gazdaság
fermé [fɛʀme] *a* zárt
fermer [fɛʀme] *v* zárni csukni (be~); **~ à clé** kulcsra zárni
féroce [feʀɔs] *a* vad, kegyetlen, félelmetes
fertile [fɛʀtil] *a* termékeny
fesse [fɛs] *f* ülep, fenék, segg
fête [fɛt] *f* ünnep, estély
feu [fø] *m* tűz, lámpa
feuille [fœj] *f* levél; *(papier)* lap
février [fevʀijɛ] *m* február
fiancé(e) [fjɑ̃se] *(m)* vőlegény; *(f)* menyasszony
ficelle [fisɛl] *f* spárga, zsineg
fiche [fiʃ] *f* jegyzék, lista
fidèle [fidɛl] *a* hű, hűséges, ragaszkodó

fier [fjɛʀ] *a* büszke
fierté [fjɛʀte] *f* büszkeség
fièvre [fjɛvʀ] *f* láz, izgatottság
fil [fil] *m* szál, fonal, erezet; **du ~** cérna; *(éléctrique...)* huzal
filet [filɛ] *m* háló, bélszín
fille [fij] *f (≠ fils)* lány, leány
film [film] *m* film
filmer [filme] *v* filmezni
fils [fis] *m* fiú
filtre [filtʀ] *m* szűrő
filtrer [filtʀe] *v* szűrni, rostálni
fin [fɛ̃] *a* vékony, finom; *(rusé)* furfangos; *(mince)* sovány
fin [fɛ̃] *f* vége, vég
finalement [finalmɑ̃] *adv* végre, végső soron
fini [fini] *a* befejezett, kész
finir [finiʀ] *v* befejezni, elvégezni vmit
flamme [flɑm] *f* láng
flanc [flɑ̃] *m* oldal, hajóoldal
flâner [flɑne] *v* andalogni, kószálni
flèche [flɛʃ] *f* nyíl, csúcs, toronycsúcs
fleur [flœʀ] *f* virág
fleuriste [flœʀist] *m* virágárus
fleuve [flœv] *m* folyam, folyó
flic [flik] *m* zsaru, hekus, fakabát
flirter [flœʀte] *v* enyelegni
flocon [flɔkɔ̃] *m* pehely
flotter [flɔte] *v* lebegni, ingadozni, úszni, lengeni, hánykolódni
flûte [flyt] *f* fuvola, furulya
foi [fwa] *f* hit
foie [fwa] *m* máj

foin [fwɛ̃] *m* széna
foire [fwaʀ] *f* kirakodóvásár
fois [fwa] *f* -szor ~ször, ~szer; **à la ~** egyenként
folie [fɔli] *f* őrület, őrültség, téboly, bolondság, szeszély, hóbort
foncé [fɔ̃se] *a (couleur)* sötét
foncer [fɔ̃se] *v* rárontani, **~ sur qqn** rátörni vkire
fonction [fɔ̃ksjɔ̃] *f* funkció, beosztás
fonctionnaire [fɔ̃ksjɔnɛʀ] *m* tisztviselő
fond [fɔ̃] *m* fenék, hátlap, belső, alj
fondre [fɔ̃dʀ] *v* olvadni (el~/le~/fel~/ki~); **~ en larmes** könnybe lábad a szeme
fontaine [fɔ̃tɛn] *f* szökőkút
football [futbol] *m* futball
force [fɔʀs] *f* erő
forêt [foʀɛ] *f* erdő
forme [fɔʀm] *f* forma
former [fɔʀme] *v* tanitani, formálni, szervezni; **se ~** létrejönni, tanulni
fort [fɔʀ] *a* erős, erőd
fossé [fose] *m* árok
fou [fu], **folle** [fɔl] *a* őrült, bolond
foudre [fudʀ] *f* villám
fougère [fuʒɛʀ] *f* páfrány, haraszt
fouiller [fuje] *v* kutatni, megmotozni
foule [ful] *f* tömeg, (ember~/nép~)tömeg, sokaság
four [fuʀ] *m* (sütő~)kemence
fourchette [fuʀʃɛt] *f* villa
fourmi [fuʀmi] *f* hangya
fourneau [fuʀno] *m* kemence, tűzhely; **grand~** kohó
fournir [fuʀniʀ] *v* ellátni vmivel, adni, tenni
foyer [fwaje] *m* otthon, tűzhely, gyújtópont
fragile [fʀaʒil] *a* törékeny, érzékeny

frais [fʀɛ] *a* friss, üde, hűvös
frais [fʀɛ] *mpl* költség
fraise [fʀɛz] *f* eper, fúró
framboise [fʀɑ̃bwaz] *f* málna
franc [fʀɑ̃] *a* nyíltszívű, közvetlen, szókimondó
franc [fʀɑ̃] *m* frank
français(e) [fʀɑ̃sɛ] *a* francia
France [fʀɑ̃s] *f* Franciaország
franchir [fʀɑ̃ʃiʀ] *v* átlépni vmin
frapper [fʀape] *v* ütni, verni, sújtani
frein [fʀɛ̃] *m* fék
freiner [fʀene] *v* fékezni
frémir [fʀemiʀ] *v* megrezzenni, remegni, megborzadni, reszketni
fréquent [fʀekɑ̃] *a* gyakori
frère [fʀɛʀ] *m* fivér, báty, fiútestvér
friandise [fʀijɑ̃diz] *f* csemege, nyalánkság
fric [fʀik] *m* lóvé, pénz
frire [fʀiʀ] *v* sülni
frisson [fʀisɔ̃] *m* rázkódás, reszketés
frite [fʀit] *f* sült hasábburgonya, burgonyaszirom
froid [fʀwa] *a* hideg, hűvös
froid [fʀwa] *m* hideg (-ség); **prendre ~** megfázni; **il fait ~** hideg van
fromage [fʀɔmaʒ] *m* sajt
froment [fʀɔmɑ̃] *m* búza
front [fʀɔ̃] *m* homlok; *(guerre: ligne de ~)* front, arcvonal
frontière [fʀɔ̃tjɛʀ] *f* határ, (ország~)
frotter [fʀɔte] *v* dörzsölni
fruit [fʀɥi] *m* gyümölcs, termés; **~s de mer** tengeri rák és kagyló
fuir [fɥiʀ] *v* szökni, kifolyni

fumée [fyme] *f* füst
fumer [fyme] *v* trágyázni, párologni; *(jambon...)* füstölni, *(tabac)* dohányozni
fumeur [fymœʀ] *m* dohányos, dohányzó
fumier [fymje] *m* trágya
funérailles [fyneʀaj] *fpl* temetés
furieux [fyʀjø] *a* dühös; **il est ~** bősz
fusée [fyze] *f* rakéta
fusil [fuzi] *m* puska
futur [fytyʀ] *m* jövő

G

gagner [gaɲe] *v* nyerni, elérni vmit
gai [gɛ] *a* vidám, derűs, víg
gain [gɛ̃] *m* haszon, kereset, jövedelem, nyeremény
galet [galɛ] *m* görgő
galette [galɛt] *f* lepény
gallois [galwa] *mn* velszi nyelv
galop [galo] *m* vágta; **au ~** vágtázva
gant [gɑ̃] *m* kesztyű
garage [gaʀɑʒ] *m* garázs, kocsiszín
garantie [gaʀɑ̃ti] *f* garancia, jótállás, biztosítás, szavatolás, óvadék
garçon [gaʀsɔ̃] *m* fiú, legény
garde [gɑʀd] *f & m* őrizet, ügyelet, őrzés
garder [gaʀde/ *v* őrizni (meg~), tartani
gardien [gaʀdjɛ̃] *m* őr, portás
gare [gaʀ] *f* pályaudvar
garer [gaʀe] *v* parkolni
gaspiller [gaspije] *v* pazarolni, eltékozolni
gâteau [gɑto] *m* torta, sütemény

gauche [goʃ] *a* bal, ügyetlen; **à ~** baloldal
gavotte [gavɔt] *f* tánc *(kétütemű francia népitánc (XVII-XVIII sz.)*
gaz [gɑz] *m* gáz
gel [ʒɛl] *m* fagy, fagyás; **gelée** [ʒəle] *f* dér, gél
geler [ʒəle] *v* fagyni (le~/meg~/be~/össze~)
gendarme [ʒɑ̃daʀm] *m* csendőr, zsandár
gendre [ʒɑ̃dʀ] *m* vő
gêner [ʒene] *v* zavarni, feszélyezni
général [ʒeneʀal] *a* általános, egyetemes; **en ~** általában
généreux [ʒeneʀø] *a* jószívű, (nagy~/nemes~)lelkű
genêt [ʒənɛ] *m* rekettye *(Cytisus)*
génie [ʒeni] *m* lángelme, zseni
genou [ʒənu] *m* térd
genrc [ʒɑ̃ʀ] *m* fajta, zsáner, stílus, modor, nem
gens [ʒɑ̃] *mfpl* emberek, tömeg
gentil [ʒɑ̃ti] *a* szeretetreméltó, kedves, megnyerő
géographie [ʒeɔgʀɑfi] *f* földrajz
gérer [ʒeʀe] *v* gazdálkodni vmivel, kezelni, vezetni
germe [ʒɛʀm] *m* csíra
geste [ʒɛst] *m* mozdulat, tett, gesztus, cselekedet
gibier [ʒibje] *m* vad, vadhús
gifle [ʒifl] *f* pofon
gilet [ʒilɛ] *m* mellény
gîte [ʒit] *m* pihenő, kuckó, lelőhely, fekvőhely; *(maison)* éjjeli szállás
glace [glas] *f*; *(miroir)* tükör; *(dessert)* fagylalt
glacial [glasjal] *a* jéghideg, dermesztő
glande [glɑ̃d] *f* mirigy
glissant [glisɑ̃] *a* síkos, csúszos, sikamlós
glisser [glise] *v* (el~/meg~)csúszni, elsuhanni, elsiklani

gluant [glyɑ̃] *a* nyúlós, ragadós, ragacsos
godiller [gɔdije] *v* farevezővel evezni
goéland [gɔelɑ̃] *m* sirály
goémon [gɔemɔ̃] *m* barna tengeri hínár
golfe [gɔlf] *m* beltenger, tengeröböl, öböl
gonfler [gɔ̃fle] *v* felfújni, duzzasztani, dagasztani
gorge [gɔʀʒ] *f* torok, szurdok
gosier [gozje] *m* gége
goudron [gudʀɔ̃] *m* kátrány, szurok
gourmand [guʀmɑ̃] *a* nyalánk, falánk, torkos
goût [gu] *m* íz, ízlés, gusztus, szépérzék; **à mon ~** izlésem szerint
goûter [gute] *v* ízlelni (meg~), kóstolni, uzsonna
goutte [gut] *f* csepp, köszvény
gouvernail [guvɛʀnaj] *m* kormánylapát, hajókormány, kormány
gouvernement [guvɛʀnəmɑ̃] *m* kormány
gouverner [guvɛʀne] *v* kormányozni, irányítani, vezetni
grâce [gʀɑs] *f* báj, kecsesség, kedvesség, bocsánat, kegy **~ à** vminek, vkinek köszönhető
grain [gʀɛ̃] *m* szemcse
graine [gʀɛn] *f* mag
graisse [gʀɛs] *f* zsír, háj
grammaire [gʀamɛʀ] *f* nyelvtan
gramme [gʀam] *m* gramm
grand(-e) [gʀɑ̃] *a* nagy, magas
Grande-Bretagne [gʀɑ̃dəbʀətaɲ] *f* Anglia
grandir [gʀɑ̃diʀ] *v* nőni(fel~/meg~), felserdülni
grand-mère [gʀɑ̃mɛʀ] *f* nagymama
grand-père [gʀɑ̃pɛʀ] *m* nagypapa
grands-parents [gʀɑ̃paʀɑ̃] *mpl* nagyszülők
grange [gʀɑ̃ʃ] *f* pajta, csűr

granite [gʀanit] *m* gránit
gras [gʀɑ] *a (viande)* kövér *(plante)* nedvdús
gratter [gʀate] *v* kaparni, vakarni, kotorni· **se ~** vakaródzni
gratuit [gʀatɥi] *a* ingyenes, díjtalan, ok nelküli; **~ement** [gʀatɥitmɑ̃] ingyenesen
grave [gʀav] *a* súlyos, komoly
grêle [gʀɛl] *f* jégeső
grelotter [gʀəlɔte] *v* dideregni
grenier [gʀənje] *m* padlás
grenouille [gʀənuj] *f* béka
grève [gʀɛv] *f (arrêt de travail)* sztrájk
grève [gʀɛvr] *f (sable)* (homokos) fövénypart
griffe [gʀif] *f* karom, köröm, kézjegy, szöghúzó
gril [gʀil] *m* rost
grimace [gʀimas] *f* arcfintor
grimper [gʀɛ̃pe] *v* felkapaszkodni, felmászni, felkúszni
grincer [gʀɛ̃se] *v* csikorogni, nyikorogni; *(dents)*
gris [gʀi] *a* szürke
gros(-e) [gʀo] *a (homme)* kövér, nagy
grossesse [gʀosɛs] *f* terhesség, terhes állapot
grossir [gʀosiʀ] *v* hízni, dagadni, nagyítani
grotte [gʀɔt] *f* barlang
groupe [gʀup] *m* csoport; *(sanguin)* vércsoport
guêpe [gɛp] *f* darázs
guère [gɛʀ] *adv* nemigen
guérir [geʀiʀ] *v* gyógyítani (meg~)
guérison [geʀizɔ̃] *f* gyógyulás
guerre [gɛʀ] *f* háború
guetter [gete] *v* lesni, kémlelni
gueule [gœl] *f* pofa, torok, száj
guichet [giʃɛ] *m* pénztár

guide [gid] *m* idegenvezető; *(livre)* útikalauz
guider [gide] *v* irányítani, kalauzolni
guitare [gitaʀ] *f* gitár
gymnastique [ʒimnastik] *f* torna, műtorna

H

habile [abil] *a* jártas, ügyes, jogképes, szemes
habileté [abilte] *f* ügyesség, jogalaposság
habiller [abije] *v* **s'~** öltözni, felruházni
habit [abi] *m* ruha
habiter (à) [abite] *v* lakni vhol
habitude [abityd] *f* szokás
habitué [abitɥe] *a* hozzászokott, törzsvendég
habituer [abitɥe] *v* **s'~** hozzászoktatni
hache ['aʃ] *f* fejsze, balta, bárd
haie ['ɛ] *f* sövény
haine ['ɛn] *f* gyűlölet
haïr ['aiʀ] *v* gyűlölni
haleine [alɛn] *f* lehelet
halles ['al] *fpl* csarnok
halte ['alt] *f* állomás, pihenő
hanche ['ɑ̃ʃ] *f* csípő, tompor
handicapé ['ɑ̃dikape] *a* csökkent képességű (szellemi, mozgás), mozgássérült, **les ~s** mozgásképtelenek
haricot ['aʀiko] *m* bab; **~s verts** zöldbab
harpe ['aʀp] *f* hárfa
hasard ['azaʀ] *m* véletlen; **par ~** véletlenül
hâter ['ɑte] *v* **se ~** sürgetni, siettetni
hausse ['os] *f* emelés, drágítás
haut (e) ['o] *a* felsőbb; **en ~** vminek a tetején

hauteur ['otœʀ] *m* magaslat, magasság
hebdomadaire [ɛbdɔmadɛʀ] *a* heti
hein ['ɛ̃] *excl* ugye? **n'est-ce pas?** ugyebár?
hélas! ['elɑs] *excl* sajnos
hélicoptère [elikɔptɛʀ] *m* helikopter
herbe [ɛʀb] *f* fű; **~s** *(médicinales)* gyógyfű, *(culinaires)* fűszer
hérisson ['eʀisɔ̃] *m* sün
héritage [eʀitaʒ] *m* örökség
hermine [ɛʀmin] *f* hermelin
hésiter [ezite] *v* tétovázni, ingadozni, habozni
hêtre ['ɛtʀ] *m* bükk(fa)
heure [œʀ] *f* óra *(durée, moment)*, **de bonne ~** korán; **quelle ~ est-il?** hány óra van?; **il est six ~s** hat óra; **tout à l'~** nemsokára
heureusement [œʀøzmɑ̃] *adv* szerencsére, szerencsésen
heureux [œʀø] *a* boldog, sikeres
heurter ['œʀte] *v* ütközni (bele~), (fel~/meg~)lökni, döngetni, ütközni, elütni
hibou ['ibu] *m* bagoly
hier [jɛʀ] *adv* tegnap
hirondelle [iʀɔ̃dɛl] *f* fecske
histoire [istwaʀ] *f* történet, történelem
hiver [ivɛʀ] *m* tél
homard ['ɔmaʀ] *m* homár
hommages [ɔmaʒ] *mpl* tiszteletnyilvánítás, hódolat, (fel)ajánlás
homme [ɔm] *m (être humain)* ember; *(masculin)* férfi
homosexuel [ɔmɔsɛksɥɛl] *m* homoszexuális
Hongrie [ɔngʀi] *f* uɪagyarorszg
hongrois [ɔngʀwa] **(~e)** [ɔngʀwaz] *a* magyar
honnête [ɔnɛt] *a* becsületes, rendes

honneur [ɔnœʀ] *m* becsület
honorer [ɔnɔʀe] *v* megtisztelni, kitüntetni, megbecsülni
honte ['ɔ̃t] *f* szégyen
honteux ['ɔ̃tø] *a* gyalázatos, csúfos, szégyenletes **c'est ~!** Ez ~!
hôpital [ɔpital] *m* kórház
hoquet ['ɔkɛ] *m* csuklás
horizon [ɔʀizɔ̃] *m* láthatár, látókör
horloge [ɔʀlɔʒ] *f* ingaóra
horreur [ɔʀœʀ] *f* borzalom, szörnyűség, iszonyúság
horrible [ɔʀibl] *a* borzalmas, szörnyű, iszonyú, ijesztő, rettenetes,
hors (de) ['ɔʀdə] *prép* kívül (vmin), túl (vmin)
hors-d'œuvre ['ɔʀdœvʀ] *m* előétel
hôte [ot] *m (celui qui reçoit)* vendéglős, házigazda; *(celui qui est reçu)* vendég
hôtel [otɛl] *m* szálloda, fogadó, hotel; **~ de ville** városháza
houle ['ul] *f* hullámzás
houx ['u] *m* magyalfa *(Ilex aquifolium)*
huile [ɥil] *f* olaj
huit ['ɥit] nyolc
huître [ɥitʀ] *f* osztriga
humain [ymɛ̃] *a* **être ~** emberi, emberies
humanité [ymanite] *f* emberiség
humeur [ymʀ] *f* kedv, hangulat; **être de bonne/mauvaise ~** , (jó-/ rossz-)kedvűnek lenni
humide [ymid] *a* nedves, nyirkos
humidité [ymidite] *f* nedvesség, nyirkosság
humour [ymuʀ] *m* humor
hurler ['yʀle] *v* ordítani, üvölteni, vonítani, süvölteni
hydromel [idʀɔmɛl] *m* méhsör

hypocrite [ipɔkʀit] *a* képmutató, alakoskodó, alattomos

I

ici [isi] *adv* itt; **d'~** innentől; **d'~ (à) huit jours** nyolc nap múlva
idée [ide] *f* elképzelés, gondolat, eszme, fogalom
idiot [idjo] *a* idióta
il [il] *pron* ő,/az; **ils** [il] *pron*, ők/azok **~ pleut** esik; **~ fait chaud** meleg van
île [il] *f* sziget
image [imaʒ] *f* kép
imagination [imaʒinɑsjɔ̃] *f* képzelet, fantázia, elképzelés
imaginer [imaʒine] *v* (el)képzelni
imbécile [ɛ̃besil] *a* hülye
immédiatement [imedjatmɑ̃] *adv* rögtön, közvetlenül
immense [imɑ̃s] *a* óriási, hatalmas
impair [ɛ̃mpɛʀ] *a* páratlan
impasse [ɛ̃pɑs] *f* zsákutca
impeccable [ɛ̃pekabl] *a* tökéletes, kifogástalan, hibátlan
imperméable [ɛ̃pɛʀmeabl] *m* esőköpeny; *a* vízálló
important [ɛ̃pɔʀtɑ̃] *a* fontos, nagy, jelentős
importer [ɛ̃pɔʀte] *v* behozni, bevinni vmit vmibe; **n'importe!** értelmetlen (beszéd / dolog)!, **n'importe quoi** bármi, akármi
impossible [ɛ̃pɔsibl] *a* lehetetlen, képtelen
impôts [ɛ̃mpo] *mpl* adó
imprimer [ɛ̃pʀime] *v* nyomtatni, rányomni

imprudent [ɛ̃pʀydɑ̃] *a* vigyázatlan, meggondatlan, oktalan
inattendu [inatɑ̃dy] *a* váratlan
incapable [ɛ̃kapabl] *a* képtelen, élhetetlen, kontár
incendie [ɛ̃sɑ̃di] *m* tűz, tűz(vész)
incident [ɛ̃sidɑ̃] *m* baleset, incidens, esemény
inconnu [ɛ̃kɔny] *a* ismeretlen
inconvénient [ɛ̃kɔ̃venjɑ̃] *m* kellemetlenség, baj, **avoir des ~s** hátránnyal járó helyzetben lenni
incorrect [ɛ̃kɔʀɛkt] *a* tapintatlan, helytelen, szabálytalan
incroyable [ɛ̃kʀwajabl] *a* hihetetlen
indemnité [ɛ̃dɛmnite] *f* kárpótlás, pótlék, elégtétel, segély
indépendance [ɛ̃depɑ̃dɑ̃s] *f* függetlenség
index [ɛ̃dɛks] *m* tárgymutató, jelzőszám, mutatóujj
indifférent [ɛ̃difeʀɑ̃] *a* részvétlen, közönyös
industrie [ɛ̃dystʀi] *f* ipar
infini [ɛ̃fini] *a* végtelen, határtalan, örökös
infirme [ɛ̃fiʀm] *a* nyomorék, béna, rokkant
infirmier [ɛ̃fiʀmje] *m* betegápoló
inflation [ɛ̃flasjɔ̃] *f* infláció, pénzhígítás
influence [ɛ̃flyɑ̃s] *f* hatás, ki~/ behatás
informaticien [ɛ̃fɔʀmatisjɛ̃] *m* számítógép-technikus/mérnök
information [ɛ̃fɔʀmasjɔ̃] *f* hír, értesülés, (hír)közlés; hírek **~s**
ingénieur [ɛ̃ʒenjœʀ] *m* mérnök
injure [ɛ̃ʒyʀ] *f* sértés, szidalom, szitok
injuste [ɛ̃ʒyst] *a* igazságtalan, jogtalan, méltánytalan
innocent [inɔsɑ̃] *a* naiv, romlatlan, ártatlan, együgyű
inondation [inɔ̃dasjɔ̃] *f* árvíz
inouï [inwi] *a* **c'est ~!** hallatlan!

inquiet [ɛ̃kjɛ] *a* aggályos, ijedős, félő
inquiétude [ɛ̃kjetyd] *f* nyugtalanság
inscription [ɛskʀipsjɔ̃] *f* feljegyzés, nevezés, feliratkozás, felvétel
inscrire [ɛ̃skʀiʀ] *v* beiktatni, feljegyezni, bejegyezni, beírni; be˜/feliratkozni **s'~** be~/feliratkozni
insecte [ɛ̃sɛkt] *m* rovar
insister [ɛ̃siste] *v* sürgetni, erősködni, firtatni
installer [ɛ̃stale] *v* helyezni, beszerelni, beruházni, beültetni
instant [ɛ̃stɑ̃] *m* pillanat; **à cet ~** ebben (abban) a pillanatban; **dans un ~**egy pillanat múlva
instituteur [ɛ̃stitytœʀ] *m* tanító
instruction [ɛ̃stʀyksjɔ̃] *f* képzés, nyomozás, képzettség, oktatás; **~s** rendelkezés(ek)
instruire [ɛ̃stʀɥiʀ] *v* képezni, tanítani, oktatni
instrument [ɛ̃stʀymɑ̃] *m* műszer, eszköz, szerszám
insulte [ɛ̃sylt] *f* sértés
intelligence [ɛ̃teliʒɑ̃s] *f* intelligencia, ész, értelem, okosság
intelligent [ɛ̃teliʒɑ̃] *a* intelligens, értelmes, okos
intention [ɛ̃tɑ̃sjɔ̃] *f* szándék, célzat; **avoir l'~ (de)** szándékában lenni vminek
interdire [ɛ̃tɛʀdiʀ] *v* (meg˜/be˜)tiltani
interdit [ɛ̃tɛʀdi] *a* tilos; **formellement ~** hivatalosan tilos; **il est ~ de fumer** dohányozni tilos
intéressant [ɛ̃teʀɛsɑ̃] *a* érdekes
intérieur [ɛ̃teʀjœʀ] *m* belső
international [ɛ̃tɛʀnasjɔnal] *a* nemzetközi
internet [ɛ̃tɛʀnɛt] *m* internet
interprète [ɛ̃tɛʀpʀɛt] *m* tolmács, alakító; servir **d'~** tolmácsként szerepelni

interroger [ɛ̃teʀɔʒe] *v* kérdezni, vizsgáztatni, vallatni
intestin [ɛ̃tɛstɛ̃] *m* bél
inutile [inytil] *a* felesleges, hiábavaló, szükségtelen
inventer [ɛ̃vɑ̃te] *v* feltalálni, felfedezni, kitalálni
invitation [ɛ̃vitasjɔ̃] *f* meghívó, hívás
invité [ɛ̃vite] *m* vendég
inviter [ɛ̃vite] *v* invitálni, meg/behívni
irlandais(e) [iʀlɑ̃dɛ] *a* ír *(langue)*
Irlande [iʀlɑ̃d] *f* Írország
Italie [itali] *f* Olaszország
italien(nne) [italjɛ̃] *a* olasz *(langue)*
ivre [ivʀ] *a* részeg, mámoros; **~-mort** holtrészeg, tökrészeg
ivrogne [ivʀɔɲ] *m* részeg

J

jadis [ʒadis] *adv* egykor, hajdan, valaha, egyszer
jaillir [ʒajiʀ] *v* buggyanni, kilobbanni, előbukkanni, felfakadni
jalousie [ʒaluzi] *f* féltékenység, irigység, irigykedés
jaloux [ʒalu] *a* féltékeny, irigy
jamais [ʒamɛ] *adv* soha; **à ~** örökre
jambe [ʒɑ̃b] *f* láb, lábszár
jambon [ʒɑ̃bɔ̃] *m* sonka
janvier [ʒɑ̃vje] *m* január
Japon [ʒapɔ̃] *m* Japán
jardin [ʒaʀdɛ̃] *m* kert
jardinage [ʒaʀdinaʒ] *m* kertészet
jardinier [ʒaʀdinje] *m* kertész
jaune [ʒon] *a & m* sárga
je [ʒə] *pron* én

jeter [ʒəte] *v* dobni, (el)hajítani szórni, (oda~/rá~)vetni, taszítani
jeu [ʒø] *m* játék
jeudi [ʒødi] *m* csütörtök
jeûne [ʒœ̃] *adv* koplalás, böjtölés; **à jeun** éhgyomorra
jeune [ʒœn] *a* ifjú, fiatalos; **un ~** egy fiatal
jeunesse [ʒœnɛs] *f* fiatalság, ifjúság, ifjúkor
joaillerie [ʒɔajʀi] *f* ékszerüzlet, ékszerek
joie [ʒwa] *f* öröm, vidámság, gyönyör
joindre [ʒwɛ̃dʀ] *v* csatolni, mellékelni; *(contacter)* felhivni kapcsolni
joli [ʒɔli] *a* csinos, bájos
joue [ʒu] *f* pofa, orca
jouer [ʒwe] *v* játszani
jouet [ʒwɛ] *m* játék, játékszer
joueur [ʒwœʀ] *m* játékos
jour [ʒuʀ] *m* nap, világosság, hézag; **~ ouvrable** munkanap; **chaque ~** minden nap, **par ~** naponta; **huit ~s** nyolc nap
journal [ʒuʀnal] *m* újság, hírlap; *(TV)* TVműsor
journaliste [ʒuʀnalist] *m* újságíró
journée ˛lą [ʒuʀne] *f* nap (24h)
joyeux [ʒwajø] *a* vidám, jókedvű, víg
juge [ʒyʒ] *m* bíró
juger [ʒyʒe] *v* bírálni, ítélni
juif [ʒɥif] *a* zsidó
juillet [ʒɥijɛ] *m* július
juin [ʒɥɛ̃] *m* június
jumeau [ʒymo] *a & m* iker, kettős
jumelles [ʒymɛl] *fpl* távcső
jument [ʒymɑ̃] *f* kanca
jupe [ʒyp] *f* szoknya

jurer [ʒyʀe] *v* káromkodni, szitkozódni
jus [ʒy] *m* lé; ~ **de fruit** gyümölcslé
jusque [ʒysk] *prép/conj* eddig, addig, annyira, ennyire **jusqu'à...** valameddig
juste [ʒyst] *a* igazságos, találó, megfelelő, feszes
justice [ʒystis] *f* igazságszolgáltatás, biráskodás, biróság

F

kilo [kilo] *m* kiló
kilomètre [kilomɛtʀ] *m* kilométer
kinésithérapeute [kineziteʀapøt] *m* mozgásérzeti terápia
klaxon [klaksɔn] *m* duda, autótülök, tülök
klaxonner [klaksɔne] *v* tülkölni, dudálni
korrigan [kɔʀigɑ̃] *m* *(breton)* apró gonosz tündér, szellem

F

là [la] *adv* ott; **cet homme-~** az (ez) az ember
la [la]· **le** [le]· **les** [lɛ]; *art* a, az, azok; **le 20 janvier** január 20-án
là-bas [labɑ] *adv* ott messze, távol
lac [lak] *m* tó
lacer [lɑse] *v* fűzni, befűzni
lacet [lɑsɛ] *m* fűzőzsinór, fűző, hurok
lâcher [lɑʃe] *v* elejteni, elengedni; ~ **prise** abbahagyni
là-dedans [ladədɑ̃] *adv* abban, ebben, be, bele

là-dessous [ladəsu] *adv* azalatt, ezalatt
là-dessus [ladəsy] *adv* afelett, efelett
laine [lɛn] *f* gyapjú
laisser [lese] *v* hagyni
lait [lɛ] *m* tej
laitue [lety] *f* fejes saláta
lame [lam] *f* (kés)penge
lampe [lɑ̃p] *f* lámpa
lancer [lɑ̃se] *v* (el~/rá~/fel~/be~)hajítani, vetni, dobni, röpíteni
lande [lɑ̃d] *f* mező(ség)
langage [lɑ̃gaʒ] *m* beszédstílus, nyelv
langouste [lɑ̃gust] *f* langusztarák *(Palinurus)*
langoustine [lɑ̃gustin] *f* kis norvég languszta *(Nephrops norvegicus)*
langue [lɑg] *f* nyelv
lapin [lapɛ̃] *m* nyúl
large [laʀʒ] *a* széles, bő, tág
largeur [laʀʒœʀ] *f* szélesség, bőség
larme [laʀm] *f* könny
laser [lazɛʀ] *m* lázer
lavabo [lavabo] *m* mosdótál
lave-linge [lavlɛ̃ʒ] *m* mosógép
laver [lave] *v* mosni; *(linge)* kimosni; *(vaisselle)* elmosni, elmosogatni
lave-vaisselle [lavvesɛl] *m* mosogató (gép)
lécher [leʃe] *v* nyalni
leçon [ləsɔ̃] *f* lecke, oktatás, tanulság
lecteur [lɛktœʀ] *m* olvasó
légal [legal] *a* törvényes, jogos, szabad, legális
légende [leʒɑ̃d] *f* monda, megjegyzés, szöveg, legenda
léger [leʒe] *a* könnyű, felületes

légumes [legym] *mpl* zöldség
lendemain [lɑ̃dmɛ̃] *m* másnap; **du jour au ~** egyik napról a másikra
lent [lɑ̃] *a* lassú
lequel? laquelle? [ləkɛl] [lakɛl] *pron* melyik?
lesquels? lesquelles? [lekɛl] *pron* melyek?
lessive [lesiv] *f* mosópor
lettre [lɛtʀ] *f* levél; *(caractère)* betű
leur [lœʀ]; övék, övéik, **le (les)** ~közéjük tartozók(k)
lever [ləve] *v* emelni, (fel)vonni, **se ~** felkelni
lèvre [lɛvʀ] *f* ajak
libération [libeʀɑsjɔ̃] *f* felszabadulás
libérer [libeʀe] *v* felszabadítni, kiengedni
liberté [libɛʀte] *f* szabadság
librairie [libʀeʀi] *f* könyvesbolt
libre [libʀ] *a* szabad; **temps ~** szabadidő; **congé** [kɔ̃ʒe] *m* szabadság
lien [ljɛ̃] *m* kapcsolat, kötélék
lier [lje] *v* kötni, kapcsolni
lierre [liɛʀ] *m* repkény, borostyán
liesse [ljɛs] *f* **être en~** örömmámorban úszni
lieu [ljo] *m* hely; **au ~ de** ahelyett hogy; **avoir ~** történik, előfordul
lièvre [liɛvʀ] *m* vadnyúl
ligne [liɲ] *f* vonal, vezeték, sor, vonás, járat, fonal
limace [limas] *f* meztelen (házatlan) csiga
limite [limit] *f* határvonal, szél
limonade [limɔnad] *f* limonádé
linge [lɛ̃ʒ] *m* fehérnemű ruhaanyag
lion [ljɔ̃] *m* oroszlán
liquide [likid] *a* folyékony; **argent ~** készpénz
liquide [likid] *m* folyadék
lire [liʀ] *v* olvasni

lisier [lizje] *m* dűlő
lisse [lis] *a* sima
liste [list] *f* lista, jegyzék
lit [li] *m* ágy
litre [litʀ] *m* *(contenu)* liter
littérature [liteʀatyʀ] *f* irodalom
livre [livʀ] *m* könyv; *(poids)* angol font
livrer [livʀe] *v* szállítani (el~/le~), elküldeni, beadni vmit
location [lɔkɑsjɔ̃] *f* bérbeadás, bérbevétel, bérlet
logement [lɔʒmɑ̃] *m* lakás, szállás
loger [lɔʒe] *v* szállásolni (el~/be~), rakni vmibe; **se ~** megszállni (lakásban)
logiciel [lɔʒisjɛl] *m* program, szoftver
loi [lwa] *f* törvény
loin [lwɛ̃] *adv* messze; **de ~** jóval, inkább
lointain [lwɛ̃tɛ̃] *a* távol
loisir [lwaziʀ] *m* kötetlen idő / foglalkozás (kedvtelésből)
lombric [lɔ̃bʀik] *m* földigiliszta
long [lɔ̃] *a* hosszú; **le ~ de** vmi mentén; **10 m de ~** 10 m hosszú
longtemps [lɔ̃tɑ̃] *adv* sokáig; **aussi ~ (que)** addig ameddig; **il y a ~** valamikor, régóta
longueur [lɔ̃gœʀ] *f* hosszúság
lors [lɔʀ] *adv* abban az időben; **dès ~** azóta; **~ de** alkalmával, idejében
lorsque [lɔʀsk] *conj* amikor, midőn, ha
louer [lwe] *v* bérelni, feldicsérni; *(maison)* kibérelni
loup [lu] *m* farkas
lourd [luʀ] *a* nehéz, esetlen, súlyos, terhes, fülledt, lomha
loyer [lwaje] *m* lakbér

lui [lɥi] *pron* ő, őt; **donne ~** *(à ~), (à elle)* add (oda) neki
lumière [lymjɛʀ] *f* fény
lundi [lœ̃di] *m* hétfő
lune [lyn] *f* hold; **pleine ~** telihold
lunette [lynɛt] *f* látcső
lunettes [lynɛt] *fpl* szemüveg
lutte [lyt] *f (sport)* birkózás, *(combat)* harc küzdelem, viaskodás
lutter [lyte] *v* küszködni, *(sport)* bírkózni, *(combat)* küzdeni
luxe [lyks] *m* pompa, fény, fényűzés
lycée [lyse] *m* gimnázium
lycéen [lyseɛ̃] *m* gimnazista, diák

M

ma [ma]; **mon** [mɔ̃]; **mes** [me] *pron* az én.. **dans ~** az enyémben
mâcher [mɑʃe] *v* rágni
machin [maʃɛ̃] *m* izé
machination [maʃinɑsjɔ̃] *f* fondorlat, cselszövény
machine [maʃin] *f* gép; **~ à laver** mosógép
mâchoire [mɑʃwaʀ] *f* állkapocs
maçon [masɔ̃] *m* kőműves
madame [madam] *f* asszonyom
mademoiselle [madmwazɛl] *f* kisasszony
magasin [magazɛ̃] *m* üzlet, bolt, raktár
magazine [magazin] *m* képes (heti) lap
magnétophone [maɲetɔfɔn] *m* magnetofon
magnétoscope [maɲetɔskɔp] *m* képmagnó
magnifique [maɲifik] *a* nagyszerű, gyönyörű, dicső

mai [mɛ] *m* május
maigre [mɛgʀ] *a* sovány
maigrir [megʀiʀ] *v* fogyni, soványodni
maillot [majo] *m* trikó; ~ **de bain** fürdőtrikó, fürdőnadrág
main [mɛ̃] *f* kéz
maintenant [mɛ̃tnɑ̃] *adv* most
maire [mɛʀ] *m* polgármester
mairie [meʀi] *f* városháza
maïs [mais] *m* kukorica
mais [mɛ] *conj* hanem, de
maison [mɛzɔ̃] *f* ház; **aller à la** ~ hazamenni; **rester à la** ~ otthon maradni
maître [mɛtʀ] *m* mester
maîtresse [mɛtʀɛs] *f* szerető
majeur [maʒœʀ] *a* nagykorú, fő; nagyujj
majuscule [maʒyskyl] *f* nagybetű
mal [mal] *adv* rossz; **plus** ~ rosszabbul; **le plus** ~ a legrosszabb
mal [mal] *m* baj, betegség, kór; **j'ai du** ~ **à croire** nehéz elhinnem; ~ **de tête** fejfájás
malade [malad] *a* beteg; **tomber** ~ megbetegedni
maladie [maladi] *f* betegség, kór
maladroit [maladʀwa] *a* ügyetlen
mâle [mɑl] *m* hím, apaállat, hímnemű, férfias
malgré [malgʀe] *prp* vkinek ellenére
malheur [malœʀ] *m* szerencsétlenség, csapás
malheureusement [malœʀøzmɑ̃] *adv* sajnos
malheureux [malœʀø] *a* boldogtalan, szerencsétlen
malin [malɛ̃] *a* huncut, csalafinta
maman [mamɑ̃] *f* édesanya, mama
mammifère [mamifɛʀ] *m* emlős
Manche [mɑ̃ʃ] *f* **la** ~ la Manche csatorna

manche [mɑ̃ʃ] *f* ujj, kabátujj, fogantyú, nyél
manger [mɑ̃ʒe] *v* enni, étkezni
manière [manjɛʀ] *f* mód, stílus, eljárás; **de ~ à** olyan módon...hogy; **~s** finomkodás
manifestation [manifɛstɑsjɔ̃] *f* kinyilványítás *(revendicative)* tüntetés; *(spectacle)* rendezvény, műsor
manque [mɑ̃k] *m* hiány
manquer [mɑ̃ke] *v* hiányozni, elszalasztani, elmulasztani
manteau [mɑ̃tɔ] *m* kabát
maquereau [makʀo] *m* makréla, strici, kerítő
maquiller [makije] *v* megszépíteni, hamisítani, kifesteni
marais [maʀɛ] *m* mocsár
marchand [maʀʃɑ̃] *m* árus, kereskedő
marchandise [maʀʃɑ̃diz] *f* áru
marche [maʀʃ] *f* járás, haladás, *(escalier)* lépcsőfok; **mettre en ~** elinditani
marché [maʀʃe] *m* vásár, alku
marcher [maʀʃe] *v* járni, működni, lépni
mardi [maʀdi] *m* kedd; **~ gras** húshagyó kedd
mare [maʀ] *f* kacsaúsztató, tócsa
marée [maʀe] *f* árapály; **~ basse** apály, **~ haute** dagály
mari [maʀi] *m* férj
mariage [maʀjaʒ] *m* házasság, esküvő
marié [maʀje] *a* házas
marier [maʀje] *v* társítani, összekötni **(se ~)** megházasodni
marin [maʀɛ̃] *m* tengerész
marmite [maʀmit] *f* üst, lábas, fazék
marque [maʀk] *f* márka

marquer [maʀke] *v* hangsúlyozni, megjelölni
marraine [maʀɛn] *f* keresztanya
marrant [maʀɑ̃] *a* vicces
mars [maʀs] *m* március
marteau [maʀto] *m* kalapács
masculin [maskylɛ̃] *a* hímnemű
masque [mask] *m* álarc
mât [mɑ] *m* árboc
match [matʃ] *m* meccs
matelas [matla] *m* matrac
matelot [matlo] *m* matróz
maternel(-elle) [matɛʀnɛl] *a* anyai; **maternelle** óvoda
mathématiques [matematik] *fpl* matematika
matière [matjɛʀ] *f* anyag
matin [matɛ̃] *m* reggel
mauvais [mɔvɛ] *a* rossz, gonosz
me [mə] *pron* engem
mécanicien [mekanisjɛ̃] *m* szerelő, gépész
méchant [meʃɑ̃] *a* gonosz
mécontent [mekɔ̃tɑ̃] *a* elégedetlen
médecin [mɛdsɛ̃] *m* orvos
médecine [mɛdsin] *f* orvostan
médicament [medikamɑ̃] *m* gyógyszer, orvosság
médiocre [medjɔkʀ] *a* középszerű, hitvány, csekély, kisszerű
méfier (se ~) [mefje] *v* **~ de.** óvakodni vmitől
mégalithe [megalit] *m* megalit
meilleur [mɛjœʀ] *a* különb; **le ~** a legjobb
mélanger [melɑ̃ʒe] *v* összekeverni, vegyíteni
mêler [mɛle] *v* összekeverni, belevinni vmit vmibe; **se ~ (de)** belekeveredni vmibe
membre [mɑ̃bʀ] *m* tag, végtag

même [mɛm] *a/fm* mégis, is; **la ~ chose** ugyanaz; **quand ~!** ejnye!, mégis!; **moi-~** én magam
mémoire [memwaʀ] *f* emlékezés, tanulmány
menace [mənas] *f* fenyegetés, veszély
ménage [menaʒ] *m* háztartás, házasélet, házaspár
mener [məne] *v* vinni, vezetni, hajtani, terelni
menhir [meniʀ] *m* menhir
menteur [mɑ̃tœʀ] *a* hazug
mentir [mɑ̃tiʀ] *v* hazudni
menton [mɑ̃tɔ̃] *m* áll
menu [məny] *m* étlap
menuisier [mənɥizje] *m* asztalos
mépriser [mepʀize] *v* megvetni, lenézni vkit
mer [mɛʀ] *f* tenger
merci [mɛʀsi] *f* köszönet, **merci!** köszönöm!
mercredi [mɛʀcʀədi] *m* szerda
merde [mɛʀd] *f & excl* szar, szart!; mocsok
mère [mɛʀ] *f* anya, szülőanya
merle [mɛʀl] *m* rigó
message [mesaʒ] *m* üzenet, célzat, híradás
messe [mɛs] *f* mise
mesure [məzyʀ] *f* mérték, ütem, méret
mesurer [məzyʀe] *v* mérni
métal [metal] *m* fém
métier [metje] *m* mesterség
mètre [mɛtʀ] *m* méter, versmérték
mettre [mɛtʀ] *v* tenni (rá~/fel~/el~/be~/oda~), rakni, helyezni vmit vhová
meubles [mœbl] *mpl* bútor
microbe [mikʀɔb] *m* baktérium, bacilus
midi [midi] *m* dél
miel [mjɛl] *m* méz
mien [mjɛ̃] *pron*; **le ~ (la ~)** az enyém, **(les) ~**

enyéim, a hozzátartozóim
miette [mjɛt] *f* morzsa
mieux [mjø] *a* jobb
milieu [miljø] *m* környezet, közeg, kör
mille [mil] *num*; **millier** [milje] *m* ezer
milliard [miljaʀ] *m* milliárd
million [miljɔ̃] *m* millió
mince [mɛ̃s] *a* karcsú, keskeny, csekély, vékony
mine [min] *f (apparence)* kinézés, arc; *(exploitation)* bánya, akna; *(crayon)* ceruzabél, grafit
mineur [minœʀ] *a* kiskorú
ministre [ministʀ] *m* miniszter
minuit [minɥi] *m* éjfél
minute [minyt] *f* perc, ívperc
miroir [miʀwaʀ] *m* tükör
misère [mizɛʀ] *f* nyomorúság, kín, ínség
mi-temps [mitɑ̃] *m* félidő, **à ~** félidőben
mode [mɔd] *f* divat
moderne [mɔdɛʀn] *a* korszerű, újszerű
moi [mwa] *pron* én; **~-même** én magam
moine [mwan] *m* szerzetes, barát
moineau [mwano] *m* veréb
moins [mwɛ̃] *adv* kevesebb; **le ~** a legkevésbé
moins [mwɛ̃] *prép* -ból; **au ~** legalább
mois [mwa] *m* hónap
moisi [mwazi] *a* penészes, dohos
moisson [mwasɔ̃] *f* aratás, termés
moitié [mwatje] *f* fél (fele vminek)
moment [mɔmɑ̃] *m* időpont, pillanat
monde [mɔ̃d] *m* világ; *(hommes)* embertömeg
monnaie [mɔnɛ] *f* érme, érem, pénz, pénznem
monsieur [məsjø] *m* úr; **Monsieur!** Uram!
montagne [mɔ̃taɲ] *f* hegy, hegység

monter [mɔ̃te] *v* emelkedni, összeszerelni; megmászni *(escalader)*; (gant) felhúzni; *(cheval)* lóra szállni
montre [mɔ̃tʀ] *f* kar~/zsebóra
montrer [mɔ̃tʀe] *v* mutatni, bemutatni vmit
monument [mɔnymɑ̃] *m* emlékmű
moquer (se) [mɔke] *v* (**de**) gúnyolódni, csúfolódni
morceau [mɔʀso] *m* darab, falat
mordre [mɔʀdʀ] *v* harapni, kapcsolódni
mort(e) [mɔʀ] *a/f-m* halott (ember), döglött(állat); **la ~** *(personnifiée)* a halál; **le ~** halott, hulla
mot [mo] *m* szó
moteur [mɔtœʀ] *m* motor, hajtóerő
mou [mu], **molle** [mɔl] *a* puha, puhány, ernyedt
mouche [muʃ] *f* légy
moucher [muʃe] *v* **se ~** megtörölni (kifújni) az orrát
mouchoir [muʃwaʀ] *m* kendő (zseb~)
mouillé [muje] *a* nedves, vizes, ázott
mouiller [muje] (be/át)nedvesíteni (be/fel)vizezni, áztatni; **se ~** beleavatkozik, felelősséget vállal
moule [mul] *f* minta (öntő~), forma
moulin [mulɛ̃] *m* malom, daráló
mourir [muʀiʀ] *v* halni (el~/meg~), dögleni, elpusztulni
mousse [mus] *f* moha *(plante)*; *(liquide)* hab
moustache [mustaʃ] *f* bajusz
mouton [mutɔ̃] *m* birka, juh
mouvement [muvmɑ̃] *m* mozgás, mozdulat
moyen [mwajɛ̃] *a* közepes, átlagos
moyen [mwajɛ̃] *m* átlag
muet [mɥɛ] *a* néma, hangtalan
multiplier [multiplie] *v* megszokszorozni, hatványozni, szaporítani

mûr [myʀ] *a* érett, fejlett
mur [myʀ] *m* fal, határ
mûre [myʀ] *f* szeder
mûrir [myʀiʀ] *v* érni, megérni
murmure [myʀmyʀ] *m* suttogás, mormogás
muscadet [myskadɛ] *m* muskotályos bor
muscle [myskl] *m* izom
musée [myze] *m* múzeum
musicien [myzisjɛ̃] *m* zenész
musique [myzik] *f* zene, muzsika
musulman [myzylmɑ̃] *m* mohamedán
mutation [mytɑsjɔ̃] *f* mutáció, áthelyezés, tulajdonátruházás
mystère [mystɛʀ] *m* rejtély, titokzatosság

N

nage [naʒ] *f* úszás; **à la ~** úszva
nager [naʒe] *v* úszni
nain [nɛ̃] *m* törpe
naissance [nɛsɑ̃s] *f* születés; **donner ~ (à)** életet adni vminek, vkinek, szülni
naître [nɛtʀ] *v* születni
nappe [nap] *f* terítő
narine [naʀin] *f* orrlyuk
natif [natif] *a* erdetű, születésű
nation [nɑsjɔ̃] *f* nemzet
national [nasjɔnal] *a* nemzeti
nature [natyʀ] *f* természet, jellem, sajátosság
naturel [natyʀel] *a* természetes
naufrage [nofʀaʒ] *m* hajótörés
nausée [noze] *f* émelygés, undor, hányinger

navette [navɛt] *f* ingajárat
navigateur [navigatœʀ] *m* hajós, irányító személy, navigátor
naviguer [navige] *v* hajózni, haladni
navire [naviʀ] *m* tengeri hajó
ne [nə] *adv* nem; **je préfère ~ pas y aller** inkább nem mennék oda
néanmoins [neɑ̃mwɛ̃] *conj* mégis, mindamellett
néant [neɑ̃] *m* semmiség
nécessaire [nesesɛʀ] *a* szükséges; **il est ~ (que)** szükséges (hogy)
nécessairement [nesesɛʀmɑ̃] *adv* szükségszerűen
nécessité [nesesite] *f* szükség; **en cas de ~** szükség esetén
neige [nɛʒ] *f* hó
neiger [neʒe] *v* havazni
nerf [nɛʀ] *m* ideg
nerveux [nɛʀvø] *a* ideges
net [nɛt] *a* makulátlan, áttekinthető, szabatos, tiszta
nettoyer [nɛtwaje] *v* tisztítani (le~/meg~/), (ki)takarítani
neuf [nœf] *card* kilenc
neuf [nœf], **neuve** [nœv] *a* új
neveu [nəvø] *m* unokaöcs
nez [ne] *m* orr
ni [ni] *conj* se, sem
nid [ni] *m* fészek
nièce [njɛs] *f* unokahúg
nier [nje] *v* tagadni (el~/le~)
niveau [nivo] *m* szint, szintező, színvonal
noble [nɔbl] *a* nemes
noce [nɔs] *f* nász, esküvő, menyegző
nocturne [nɔktyʀn] *a* éjjeli

Noël [nɔɛl] *m* Karácsony
nœud [nø] *m* csomó, kötés, görcs
noir [nwaʀ] *a* fekete
noisette [nwazɛt] *f* mogyoró
noix [nwa] *f* dió
nom [nɔ̃] *m* név, cím, megnevezés; ~ **de famille** családi név
nombre [nɔ̃bʀ] *m* szám
nombreux [nɔ̃bʀø] *a* számos
nombril [nɔ̃bʀi] *m* köldök
nommer [nɔme] *v* nevezni(meg~/ki~/el~)
non [nɔ̃] *adv* nem; **ne (non)** + *verbe conjugué*; **que vous vouliez ou pas** akar arkarja akar nem; ~ **plus** sem
nord [nɔʀ] *m* észak
nord-est [nɔʀɛst] *m* északkelet
nord-ouest [nɔʀwɛst] *m* északnyugat
normal [nɔʀmal] *a* normális, rendes, szabályos
note [nɔt] *f* hangjegy, minősítés, osztályzat, számla
notre [nɔtʀ] *pron* a (mi) -unk, -ünk; **nos** [no] a mi -(j)aink, -(j)eink
nôtre [notʀ] *pron*; **le ~ la ~** a miénk; **les ~s** a mieink
nouer [nwe] *v* kötni(fel~/be~), hurkolni
nourrir [nuʀiʀ] *v* táplálni, etetni
nourrisson [nuʀisɔ̃] *m* csecsemő
nourriture [nuʀityʀ] *f* táplálék, étel, ennivaló, eledel
nous [nu] *pron* mi, bennünket
nouvauté [nuvote] *f* újdonság
nouveau [nuvo] új **nouvel** [nuvɛl], **nouvelle** [nuvɛl] *a*; **de ~** hír
nouvelle [nuvɛl] *f* hír, újság, novella
novembre [nɔvɑ̃bʀ] *m* november
noyau [nwajo] *m* mag (fruit / atom)

noyer [nwaje] *v* elmeríteni, elárasztani, (vízbe)fojtani, **se ~** vízbefúlni
nu [ny] *a* meztelen, fedetlen
nuage [nyaʒ] *m* felhő
nucléaire [nukleɛʀ] *a* nukleáris
nuire [nɥiʀ] *v* ártani
nuit [nɥi] *f* éjszaka, éj
nul [nyl] *a* nulla, semmi, tartalmatlan, érvénytelen; **~le part** semerre, sehol
numéro [nymeʀo] *m* számjegy, műsorszám
nu-pieds [nypje] *m* szandál
nuque [nuk] *f* nyakszirt, tarkó

O

obéir [ɔbeiʀ] *v* engedelmeskedni
objet [ɔbʒɛ] *m* tárgy
obligé [ɔbliʒe] *a* kötelező, köteles; **être ~ de** kénytelen
obliger [ɔbliʒe] *v* kötelezni vkit vmire
obscurité [ɔbskyʀite] *f* sötétség, homály(osság)
obstacle [ɔbstakl] *m* akadály
obtenir [ɔbtəniʀ] *v* elnyerni, kivívni
occasion [ɔkazjɔ̃] *f* alkalom; **à l'~ de** vminek az ~mával; **d'~**; **avoir l'~ (de)** vkinek alkalma van rá
occuper [ɔkype] *v* elfoglalni, megszállni
océan [ɔseɑ̃] *m* óceán
Océanie [ɔseani] *f* Óceánia
octobre [ɔktɔbʀ] *m* október
odeur [ɔdœʀ] *f* szag
œil [œj] *m* szem
œuf [œf] *m* tojás

œuvre [œvʀ] *f* alkotás, mű, szerzemény
officiel [ɔfisjɛl] *a* hivatalos, hivatali, közlöny
offre [ɔfʀ] *f* ajánlat
offrir [ɔfʀiʀ] *v* nyújtani, adni, felajánlani, megajándékozni
oie [wa] *f* liba, lúd
oignon [ɔɲɔ̃] *m* hagyma
oiseau [wazo] *m* madár
olive [ɔliv] *f* olajbogyó
ombre [ɔ̃bʀ] *f* árny, árnyék
on [ɔ̃] *prn (indétermination)* ők, valaki; **on pretend que** ..(ők) úgy vélik, hogy
oncle [ɔ̃kl] *m* nagybácsi
onde [ɔ̃d] *f* hullám
ondée [ɔ̃de] *f* zápor
ongle [ɔ̃gl] *m* köröm
onze [ɔ̃z] *card* tizenegy
opération [ɔpeʀɑsjɔ̃] *f* művelet, vállalkozás, akció
opérer [ɔpeʀe] *v* operálni, eszközölni, eljárni
opinion [ɔpinjɔ̃] *f* vélemény, nézet
opposer [ɔpoze] *v* szembeállítani, **s'~** ellenkezni, ellenállni
or [ɔʀ] *m* arany
orage [ɔʀaʒ] *m* zivatar, vihar
orange [ɔʀɑ̃ʒ] *m* narancs
orchestre [ɔʀkɛstʀ] *m* zenekar
ordinaire [ɔʀdinɛʀ] *a* közönséges, köznapi, egyszerű
ordinateur [ɔʀdinatœʀ] *m* számítógép
ordonnance [ɔʀdɔnɑ̃s] *f* recept (orvosi), rendelvény
ordre [ɔʀdʀ] *m* rend, sorrend, parancs
ordure [ɔʀdyʀ] *f* szenny; **~s ménagères** szemét
oreille [ɔʀɛj] *f* fül
oreiller [ɔʀeje] *m* vánkos, párna

organe [ɔʀgan] *m* szerv

organisation [ɔʀganizasjɔ̃] *f* szervezés

organiser [ɔʀganize] *v* szervezni

orgueil [ɔʀgœj] *m* gőg

orgueilleux [ɔʀgøjø] *a* gőgös, kevély

origine [ɔʀiʒin] *f* eredet, származás

orner [ɔʀne] *v* díszíteni, felékesíteni vmivel

os [ɔs] *m* csont

oser [oze] *v* merészelni

ôter [ote] *v* (el~/le~)venni vmit

où [u] *adv* ahol, hová? hova?

ou [u] *conj* vagy

oublier [ublije] *v* felejteni, elfelejteni

ouest [wɛst] *m* nyugat

oui [wi] *adv* igen

ouragan [uʀagɑ̃] *m* orkán, szélvész

ours [uʀs] *m* medve

outil [uti] *m* szerszám, felszerelés

ouvert [uvɛʀ] *a* nyitott, nyílt, fogékony

ouvre-boîte [uvʀəbwat] *m* konzervnyító

ouvrier [uvʀije] *m* munkás

ouvrir [uvʀiʀ] *v* nyitni, (ki~); **s'~** nyílni, (ki~)

oxygène [ɔksiʒɛn] *m* oxigén

ozone [ozɔn] *m* ózon

P

page [paʒ] *f (livre)* oldal, lap

paie [pɛ], **paye** [pɛj] *f* fizetés, munkabér, illetmény

paiement [pɛmɑ̃] *m* fizetés

paille [paj] *f* szalma; **une ~** szalmaszál

pain [pɛ̃] *m* kenyér

paire [pɛʀ] *f* pár
paître [pɛtʀ] *v* legelni
paix [pɛ] *f* béke
palais [palɛ] *m (bouche)* szájpadlás; *(édifice)* palota
pâle [pɑl] *a* sápadt, halvány
pamplemousse [pɑ̃pləmus] *m* grapefruit
pancarte [pɑ̃kaʀt] *f* plakát
panier [panje] *m* kosár
panne [pan] *f* üzemzavar
panneau [panɔ] *m* tábla, hirdetés
pantalon [pɑ̃talɔ̃] *m* nadrág
papa [papa] *m* apa
pape [pap] *m* pápa
papier [papje] *m* papír; ~ **hygiénique** WC-papír
papillon [papijɔ̃] *m* lepke, pillangó, pille
Pâque [pɑk] *m* húsvét, **Pâques** *fpl*
paquet [pakɛ] *m* csomag, pakli, pakk
par [paʀ] *prep* ↓knt, ↓val, ↓vel; **deux** ~ **deux** kettesével; ~ **mois** havonta, (havonként)
parachute [paʀaʃyt] *m* ejtőernyő
paradis [paʀadi] *m* mennyország, paradicsom
paraître [paʀɛtʀ] *v* látszani vminek, előjönni, feltűnni; **il paraît (que)** úgy tűnik hogy
paralyser [paʀalize] *v* megbénítani
parapluie [paʀaplɥi] *m* esernyő
parasol [paʀasɔl] *m* napernyő
parc [paʀk] *m* park
parce que [paʀsk(ə)] *conj* mert
par-dessus [paʀdəsy] *prép* fölött (vmi ~)
pardon [paʀdɔ̃] *m* bocsánat
pareil [paʀɛj] *a* hasonló, olyasféle
parent [paʀɑ̃] *a & m* szülő; ~**s** *(père et mère)* szülők
paresse [paʀɛs] *f* lustaság, tunyaság

paresseux [paʀɛsø] *a* lusta, henye, lomha
parfait [paʀfɛ] *a* tökéletes
parfois [paʀfwa] a néha, olykor
parfum [paʀfœ̃] *m* illatszer, parfüm, aroma
pari [paʀi] *m* fogadás (vmire)
parking [paʀkiŋ] *m* parkoló (hely)
parlement [paʀləmɑ̃] *m* országgyűlés, parlament
parler [paʀle] *v* beszélni, szólni
parmi [paʀmi] *prép* között, közé
paroisse [paʀwas] *f* plébánia, hítközség
parole [paʀɔl] *f* beszéd
parrain [paʀɛ̃] *m* keresztapa
part [paʀ] *f* rész; **de la ~ de** vminek a részéről; **nulle ~** sehol, semerre; **quelque ~** valahol
partager [paʀtaʒe] *v* osztani (meg ~)
parti [paʀti] *m* párt
participer [paʀtisipe] *v* részt venni vmiben
partie [paʀti] *f* rész, részleg; *(jeu)* játszma
partir [paʀtiʀ] *v* elmenni, eltávozni; **à ~ (de)** vmitől kezdve
partout [paʀtu] *adv* mindenütt, mindenhol
pas [pɑ] *adv* nem, sem, semmi; **~ un bruit** semmi nesz
pas [pɑ] *m* lépés
passage [pɑsaʒ] *m* átjáró, köz, átutazás
passé [pɑse] *m* múlt
passeport [pɑspɔʀ] *m* útlevél
passer [pɑse] *v* vonul (át~/el~), elmúlik; **se ~ de** lenni (élni) vmi nélkül
passe-temps [pɑstɑ̃] *m* időtöltés, szórakozás
pastille [pastij] *f* pasztilla
patate [patat] *f* krumpli
pâte [pɑt] *f* tészta, pép, massza

pâté [pɑte] *m* pástétom
paternel (-elle) [patɛʀnɛl] *a* atyai
patience [pasjɑ̃s] *f* türelem, béketűrés
pâtisserie [pɑtisʀi] *f* sütemény, cukrászda, *(métier)* cukrászmesterség,
patrimoine [patʀimwan] *m* vagyon
patron [patʀɔ̃] *m* munkáltató, főnök, szabásminta
patte [pat] *f* mancs, láb
paupière [popjɛʀ] *f* szemhéj
pause [poz] *f* szünet, pihenő
pauvre [povʀ] *a* szegény
payer [pɛje] *v* fizetni
pays [pei] *m* ország, táj
paysan [peizɑ̃] *m* paraszt, gazda
Pays-Bas [peibɑ] *mpl* Hollandia
peau [po] *f* bőr
pêche [pɛʃ] *f* halászat; **bateau de ~** halászhajó
péché [peʃe] *m* bűn, vétek
pêche [pɛʃ] *f (fruit)* őszibarack
pêcher [pɛʃe] *v* halászni; **~ à la ligne** horgászni
pécher [peʃe] *v* vétkezni
pêcheur [pɛʃœʀ] *m* halász
pédaler [pedale] *v* pedálozni
peigne [pɛɲ] *m* fésű
peigner [peɲe] *v* fésülni; **se ~** fésülködni
peindre [pɛ̃dʀ] *v* festeni(be~/ki~/le~), mázolni
peine [pɛn] *f* szenvedés, fáradozás, ínség, erőfeszítés
peintre [pɛ̃tʀ] *m* festő
peinture [pɛ̃tyʀ] *f* festmény
peler [pəle] *v* hámlani, hámozni, hántani
pèlerinage [pɛlʀinaʒ] *m* búcsújárás
pelle [pɛl] *f* lapát
pelouse [pəluz] *f* pázsit

pelure [pəlyʀ] *f* héj (gyümölcs)
pénaliser [penalize] *v* büntetni vkit vmivel
pencher [pɑ̃ʃe] *v* dőlni (ki)hajolni, **se ~** megdőlni
pendant [pɑ̃dɑ̃] *adv* közben
pendre [pɑ̃dʀ] *v* akasztani, lógni, csüngeni
pénétrer [penetʀe] *v* behatolni, bemenni
pénible [penibl] *a* keserves, fárasztó, terhes
pénis [penis] *m* hímvessző
pensée [pɑ̃se] *f* gondolat, árvácska
penser [pɑ̃se] *v* gondolkodni, vélekedni
Pentecôte [pɑ̃tkot] *f* pünkösd
percer [pɛʀse] *v* fúrni, lyukasztani
perdre [pɛʀdʀ] *v* elveszíteni
perdu [pɛʀdy] *a* eltévedt, elveszett, félreeső, menthetetlen
père [pɛʀ] *m* apa
péril [peʀil] *m* veszedelem, veszély; **au ~ de** kockáztatva
perle [pɛʀl] *f* gyöngy
permettre [pɛʀmɛtʀ] *v* megengedni, engedélyezni
permis [pɛʀmi] *m* igazolvány, engedély
permission [pɛʀmisjɔ̃] *f* kimenő, szabadság
persil [pɛʀsi] *m* petrezselyem
personne [pɛʀsɔn] *f* személy, egyén, ember, senki
personnel [pɛʀsɔnɛl] *a* magánjellegű, egyéni
perte [pɛʀt] *f* veszteség
peser [pəze] *v* lemérni, nyomni, latolgatni
pet [pɛ] *m* fing
pétale [petal] *f* szirom
péter [pete] *v* fingani, csattanni, szétpukkanni, pattogni
petit [pəti] *a* kicsi, alacsony; **~-à-~** apránként, lassanként

petit pois [pətipwa] *m* zöldborsó
petite-fille [pətitfij] *f* unoka (lány)
petit-fils [pətifis] *m* unoka (fiú)
petits-enfants [pətizɑ̃fɑ̃] *pl* unokák
pétrole [petʀɔl] *m* kőolaj
peu [pø] *adv* kevés; **un ~ (de)**egy kevés..., egy kis...;
~ à ~ lassacskán
peuple [pœpl] *m* nép, népség
peuplier [pøplije] *m* nyárfa, jegenye
peur [pœʀ] *f* félelem, ijedtség
peut-être [pøtɛtʀ] *adv* talán
phare [faʀ] *m* világítótorony; *(auto)* fényszóró
pharmacie [faʀmasi] *f* gyógyszertár, patika
pharmacien [faʀmasjɛ̃] *m* gyógyszerész
phoque [fɔk] *m* fóka
photo [fɔto] *f* fotó
photocopie [fɔtɔkɔpi] *f* fénymásolat
photographie [fɔtɔgʀafi] *(une ~)* fénykép
photographier [fɔtɔgʀafje] *v* fényképezni
phrase [fʀaz] *f* mondat
physique [fizik] *a* fizikai; *(corps de l'homme)* testi, anyagi
piano [pjano] *m* zongora
pichet [piʃɛ] *m* kancsó
pie [pi] *f* szarka
pièce [pjɛs] *f* helyiség, darab, szoba, okmány, érme
pied [pje] *m* lábfej, palánta; **à ~** gyalog
pierre [pjɛʀ] *f* kő
piéton [pjetɔ̃] *m* gyalogos
pigeon [piʒɔ̃] *m* galamb
pilote [pilɔt] *m* pilóta, kormányos, minta-
pilule [pilyl] *f* tabletta (orvosi)
pin [pɛ̃] *m* fenyő

pincer [pɛ̃se] *v* csípni
pipe [pip] *f* pipa
piquer [pike] *v* szúrni (meg~/be~), megcsípni, marni, tüzdelni
piqûre [pikyʀ] *f* injekció; *(insecte)* csípés
pire [piʀ] *a* rosszabb; **le ~** a legrosszabb
pis [pi] *adv* rosszabbul; **tant ~!** sebaj!
pis [pi] *m* tgy
piscine [pisin] *f* uszoda, vízmedence, fürdőmedence
pitié [pitje] *f* irgalom, könyörületesség, szánanlom
place [plas] *f* hely, *(ville)* tér, tisztség; **sur ~** helyben
placer [plase] *v* elhelyezni, tenni (rá~/fel~/be~/oda~), rakni, helyezni vmit vhová
plafond [plafɔ̃] *m* mennyezet
plage [plaʒ] *f* strand, tópart
plaie [plɛ] *f* seb
plaindre [plɛ̃dʀ] *v* sajnálni vkit; **se ~** panaszkodni
plaine [plɛn] *f* síkság, lapály
plainte [plɛ̃t] *f* panasz, feljelentés; **porter ~** vádat emelni
plaire [plɛʀ] *v* tetszeni; **s'il vous plaît** legyen szives
plaisanter [plɛzɑ̃te] *v* tréfálni, viccelni, humorizálni
plaisanterie [plɛzɑ̃tʀi] *f* tréfa, vicc, móka
plaisir [plɛziʀ] *m* gyönyör
planche [plɑ̃ʃ] *f* deszka, palló, lap; **~ à voile** szörf
plancher [plɑ̃ʃe] *m* padló, födém
planète [planɛt] *f* bolygó
plante [plɑ̃t] *f (de pied)* lúdtalp
plante [plɑ̃t] *f* növény; *(médicinales)* gyógynövény
planter [plɑ̃te] *v* ültetni, beverni, odaállítani
plaque [plak] *f* lap, lemez
plastique [plastik] *m* műanyag
plat [pla] *a* lapos

plat [pla] *m* fogás (étel)
plâtre [plɑtʀ] *m* gipsz
plein [plɛ̃] *a* teli, tele, teljes; **~ de (gens)** embertömeg; **en pleine nuit** az éj közepén
pleurer [plœʀe] *v* sírni
pleuvoir [pløvwaʀ] *v* **il pleut** esik az eső
pli [pli] *m* hajtás, ránc
plier [plije] *v* hajlítani, hajtogatni, hajladozni
plomb [plɔ̃] *m* ólom, biztosíték; **sans ~** ólommentes benzin
plombier [plɔ̃bje] *m* vízvezetékszerelő, bádogos, szerelő
plonger [plɔ̃ʒe] *v* belemártani, belemerülni, lebukni, elmeríteni, belemélyedni
pluie [plɥi] *f* eső
plume [plym] *f (oiseau)* toll
plupart [plypaʀ] *adj* többnyire; **la ~ du temps** általában
pluriel [plyʀjɛl] *m Gram* többes szám
plus [ply] [plys] *adj* több, plusz; **~ grand (que)** nagyobb mint *a*; *(employé seul)* plusz; **le ~ grand** a legnagyobb; **devenir ~ grand** (fel~/meg~)nőni; **de ~ en ~** egyre inkább; **de ~ en ~ grand** egyre nagyobb; **il ne travaille ~** nem dolgozik többé; **non ~** se, sem, sincs
plusieurs [plyzjœʀ] *pron* több, többen
plutôt [plyto] *adv* inkább
poche [pɔʃ] *f* zseb, burok
poêle [pwɑl] *f* kályha, *(à frire)* sütőtepsi
poème [pɔɛm] *m* költemény
poète [pɔɛt] *m* költő
poids [pwa] *m (mesure)* súly, teher
poignée [pwaɲe] *f* kilincs, marék, markolat,

fogantyú; ~ **de main** kézfogás
poignet [pwaɲɛ] *m* kézcsukló
poil [pwal] *m* szőr
poilu [pwaly] *a* szőrös
poing [pwɛ̃] *m* ököl
point [pwɛ̃] *m* pont, jegy, osztályzat
pointe [pwɛ̃t] *f* hegy, csúcs, szúrás
poire [pwaʀ] *f* körte, balek
poireau [pwaʀo] *m* póréhagyma
pois [pwa] *m* borsó; **petits** ~ zöldborsó
poison [pwazɔ̃] *m* méreg
poisson [pwasɔ̃] *m* hal
poitrine [pwatʀin] *f* mell, mellkas, kebel
poivre [pwavʀ] *m* bors
poli [pɔli] *a* csiszolt, udvarias, sima
police [pɔlis] *f* rendőrség
policier [pɔlisje] *m* rendőr
politique [pɔlitik] *a/f* politika(i)
polluer [pɔlɥe] *v* szennyezni, megfertőzni
pollution [pɔlysjɔ̃] *f* szennyeződés
pomme [pɔm] *f* alma; ~ **de terre,** burgonya,
pompe [pɔ̃p] *f* szivattyú, pumpa, dísz
pompier [pɔ̃pje] *m* tűzoltó
pont [pɔ̃] *m* híd, fedélzet
populaire [pɔpylɛʀ] *a* népies, népi, népszerű
population [pɔpylɑsjɔ̃] *f* népesség, lakosság
porc [pɔʀ] *m* sertés, disznó; **viande de** ~ disznóhús
port [pɔʀ] *m* kikötő
portable [pɔʀtabl] *m* telefon-mobil
porte [pɔʀt] *f* ajtó; **la** ~ távozzon! csukja be az ajtót!
portefeuille [pɔʀtəfœj] *m* tárca, levéltárca, miniszteri tárca

porte-monnaie [pɔʀtmɔnɛ] *m* pénztárca
porter [pɔʀte] *v* vinni, hurcolni, cipelni, hordani vmit
poser [poze] *v* (fel~/le~/oda~) ~helyezni, ~rakni, ~tenni, állítani; **~ une question** feltenni egy kérdést; **se ~** *(avion)* leszállni
posséder [pɔsede] *v* birtokolni
possible [pɔsibl] *a* lehetséges, elképzelhető
postal [pɔstal] *a* postai
poste [pɔst] *f* posta, állomás, hivatal, őr
pot [po] *m* cserép, fazék, edény, köcsög, szerencse
potable [pɔtabl] *a* élvezhető, iható
potage [pɔtaʒ] *m* leves
poteau [pɔto] *m* oszlop, cölöp, pózna, dúc
poterie [pɔtʀi] *f* cserépáru, agyagárú, agyagedény
poubelle [pubɛl] *f* szemétláda
pouce [pus] *m* hüvelykujj
poudre [pudʀ] *f* por
poule [pul] *f* tyúk
poulet [pulɛ] *m* csirke
poumons [pumɔ̃] *mpl* tüdő
poupée [pupe] *f* baba, báb
pour [puʀ] *conj* hogy
pour [puʀ] *prép* -ért, -nak, -nek
pourboire [puʀbwaʀ] *m* borravaló
pourquoi [puʀkwa] *pron* **~ cela?** miért?; **~ pas?** miért ne?
pourri [puʀi] *a* rothadt, korhadt
pourrir [puʀiʀ] *v* rothadni, poshadni, korhadni
pourtant [puʀtɑ̃] *adj* pedig, mégis, de azért
pousser [puse] *v* tolni, hajtani, taszítani, túlságba vinni; *(croître)* növekedni; *(cri)* kiáltani
poussière [pusjɛʀ] *f* por
pouvoir [puvwaʀ] *v/m* képes lenni vmire, uralom;

hatalom
prairie [pʀeʀi] *f* mezőség
pratique [pʀatik] *a* célszerű, eljárás, művelet
pré [pʀe] *m* rét
précaution [pʀekosjɔ̃] *f* óvatosság, gond, óvintézkedés; **prendre ses ~s**; elővigyázatosnak lenni; **avec ~** óvatosan
précieux [pʀesjo] *a* értékes
précis [pʀesi] *a* pontos, szabatos, alapos
précisément [pʀesizemɑ̃] *adv* pontosan
préciser [pʀesize] *v* pontosítani, megjelölni, rámutatni
préférer [pʀefeʀe] *v* előnyben részesiteni, jobban szeretni vmit vminél; **il préfère** többre tart vmit vminél
premier [pʀəmje] *num* első
prendre [pʀɑ̃dʀ] *v* fogni, elfoglalni, (be)venni vmit
prénom [pʀenɔ̃] *m* keresztnév, utónév
préparer [pʀepaʀe] *v* készíteni (be~/elő~/el~)
près [pʀɛ] *adv* közel; **à peu ~** körülbelül
présentation [pʀezɑ̃tɑsjɔ̃] *f* bemutatkozás, benyújtás
présenter [pʀezɑ̃te] *v* bemutatni, benyújtani
préservatif [pʀezɛʀvatif] *m* óvszer
président [pʀezidɑ̃] *m* elnök
presque [pʀɛsk] *adv* majdnem, csaknem
pressé [pʀese] *a* préselt, sürgős; **je suis ~** sietek
pression [pʀɛsjɔ̃] *f* nyom-ás, sürgetés; **~ artérielle** vérnyomás
prêt [pʀɛ] *a* kész
prêter [pʀɛte] *v* kölcsönözni
prétexte [pʀetekst] *m* ürügy
prêtre [pʀɛtʀ] *m* pap
preuve [pʀœv] *f* bizonyíték, igazolás

prier [pʀije] *v* imádkozni
prière [pʀijɛʀ] *f* ima, kérés
principalement [pʀɛ̃sipalmɑ̃] *adv* főleg, főként, főképpen
printemps [pʀɛ̃tɑ̃] *m* tavasz
prison [pʀizɔ̃] *f* börtön, fogház
privé [pɛive] *a* magán-, zártkörű
prix [pʀi] *m* ár, díj, érték
probablement [pʀɔbabləmɑ̃] *adv* valószínűleg, alighanem
problème [pʀɔblɛm] *m* probléma, baj, kérdés
procès [pʀɔsɛ] *m* per
prochain [pʀɔʃɛ̃] *a* következő, jövő, felebarát
proche [pʀɔʃ] *a* közeli, intim
produire [pʀɔdɥiʀ] *v* termeszteni, okozni, gyártani, alkotni, felmutatni; **se ~** történni
produit [pʀɔdɥi] *m* termék, készítmény, képződmény, szer, gyártmány
professeur [pʀɔfɛsœʀ] *m* professzor, tanár
profession [pʀɔfɛsjɔ̃] *f* foglalkozás, szakma, mesterség
profond [pʀɔfɔ̃] *a* mély, mélyreható, bensőséges
programme [pʀɔgʀam] *m* program, műsor
progrès [pʀɔgʀɛ] *m* haladás
projet [pʀɔʒɛ] *m* terv
promenade [pʀɔmnad] *f* séta, sétány
promener [pʀɔmne] *v* sétáltatni, megjártatni, **se ~** sétálni
prononcer [pʀɔnɔ̃se] *v* kiejteni, ejteni
propre [pʀɔpʀ] *a* tiszta, saját
propriétaire [pʀɔpʀijetɛʀ] *m* tulajdonos
prostituée [pʀɔstitye] *f* prostituált, kurva
protection [pʀɔtɛksjɔ̃] *f* védelem, oltalom, pártfogás,

protekció
protéger [pʀɔteʒe] *v* védelmezni, oltalmazni, pártfogolni, protezsálni
protestant [pʀɔtɛstɑ̃] *a & m* protestáns
prouver [pʀuve] *v* bizonyítani, (be˜)
provision [pʀɔvizjɔ̃] *f* tartalék, fedezet
prudent [pʀydɑ̃] *a* óvatos, elővigyázatos
prune [pʀyn] *f* szilva
pruneau [pʀyno] *m* (aszalt)szilva
public [pyblik] *a* közönség, nyilvános
publicité [pyblisite] *f* hirdetés, hírverés
puce [pys] *f* bolha; **marché aux ~s** bolhapiac
puer [pɥe] *v* bűzleni; **ça pue** büdös (van)
puis [pɥi] *adv* aztán
puisque [pɥisk] *conj* hiszen, ha már
puits [pɥi] *m* kút
pull-over [pylɔvɛʀ] *m* pulóver
punir [pyniʀ] *v* megbüntetni
pur [pyʀ] *a* tiszta
purée [pyʀe] *f* püré
pyjama [piʒama] *m* pizsama

Q

quai [ke] *m* rakpart
qualité [kalite] *f* minőség
quand [kɑ̃] *adv* mikor?; **~ même** mégis
quant [kɑ̃] *prép* **~ à moi** ami engem illet
quantité [kɑ̃tite] *f* mennyiség
quarante [kaʀɑ̃t] *num* negyven
quart [kaʀ] *m* negyed; **~ d'heure** negyed óra
quartier [kaʀtje] *m* kerület, gerezd

quatorze [katɔʀz] *num* tizennégy
quatre [katʀ] *num* négy
quatre-vingt [katʀəvɛ̃] *num* nyolcvan; ~ **dix** kilencven
quatrième [katʀijɛm] *num* negyedik
que [kə] *conj/pron* hogy; **plus grand** ~ nagyobb mint; **il ne boit que de l'eau** nem iszik csak vizet; **ce** ~ ami
quel? [kɛl] *a interr* hány?, milyen?; **quelle heure?** hány óra?; *excl* ~ **homme!** micsoda ember!
quelqu'un [kɛlkœ̃] *indéf* valaki, bárki; **~s-uns** némelyik
quelque [kɛlk] *a indéf* körülbelül, megközelítőleg; ~ **chose** valami
quelquefois [kɛlkəfwa] *adv* olykor, időnként
question [kɛstjɔ̃] *f* kérdés
queue [kø] *f* farok, sor (ember~)
qui? [ki] *pron interr* ki?; *pron* **ce** ~ amelyik
quinze [kɛ̃z] *num* tizenöt; ~ **jours** tizenöt nap
quitter [kite] *v* elhagyni vkit vmit
quoi? [kwa] *pron* mi?; **à** ~ **bon?** mire jó?; **il y a de** ~ van amitől..
quotidien [kɔtidjɛ̃] *a* mindennapi, *m* napilap
quotidiennement [kɔtidjɛnmɑ̃] *adv* naponként, naponta

R

raccrocher [ʀakʀɔʃe] *v* visszaakasztani *(téléphone)* letenni a kagylót
race [ʀas] *f* faj, törzs
racine [ʀaʃin] *f* gyökér, gyök

raciste [Rasist] *a & m* fajgyűlölő
raconter [Rakɔ̃te] *v* elbeszélni, előadni, mesélni
rade [Rad] *f* rév, tengeri kikötő
radiateur [Radjatœʀ] m fűtőtest
radio [Radjo] *f* rádió, átvilágítás (röntgen)
radioactif [Radjɔaktif] *a* radioaktív
radis [Radi] *m* retek (hónapos)
rafale [Rafal] *f* szélroham
rafraîchir [RafRɛʃiR] *v* felfrissíteni, hűteni, üdíteni, felújítani
rage [Raʒ] *f* veszettség, düh
raide [Rɛd] *a* kemény, váratlan, feszes
rail [Raj] *m* sín
raisin [Rɛzɛ̃] *m* szőlő
raison [Rɛzɔ̃] *f* ok, érv, ész, értelem; **il a ~** igaza van
ralentir [Ralɑ̃tiR] *v* lassítani
rallonge [Ralɔ̃ʒ] *f* toldalék, hosszabbító
ramasser [Ramase] *v* összeszedni, felemelni, felvenni
rame [Ram] *f* evező, szerelvény
ramener [Ramne] *v* visszahozni, odahúzni
ramer [Rame] *v* evezni
randonnée [Rɑ̃dɔne] *f* gyalogtúra
rang [Rɑ̃] *m* sor, rang, rend
ranger [Rɑ̃ʒe] *v* elrakni *(avec soin)* elrendezni
rapide [Rapid] *a* gyors, sebes, villanó, rohamos, röpke, expressz
rappeler [Raple] *v* említeni, hívni, előhozni; **se ~ (de)** emlékezni vmire
rare [RaR] *a ritka*
raser [Raze] *v* borotválni, (le~); **se ~** *(barbe)* borotválkozni
rasoir [RazwaR] *m* borotva

rassurer [ʀasyʀe] *v* megnyugtatni
rat [ʀa] *m* patkány
rater [ʀate] *v* eltéveszteni, elhibázni
rattraper [ʀatʀape] *v* utolérni, beérni vkit
ravi [ʀavi] *a* boldog
rayon [ʀɛjɔ̃] *m* sugár, kerékküllő, könyvespolc, ügy
réaction [ʀeaksjɔ̃] *f* visszahatás, reagálás; **avion à ~** sugárhajtású repülőgép
récemment [ʀesamɑ̃] *adv* újonnan, nemrég
récent [ʀesɑ̃] *a* friss, legutóbbi
réception [ʀesɛpsjɔ̃] *f* fogadás, átvétel
recette [ʀəsɛt] *f* bevétel, recept
recevoir [ʀəsvwaʀ] *v* kapni, fogadni (be~/el~)
rechange [ʀəʃɑ̃ʒ] *m* pót- csere- tartalék-; **pièce de ~** tartalék alkatrész
recherche [ʀəʃɛʀʃ] *f* kutatás
rechercher [ʀəʃɛʀʃe] *v* kutatni, keresni; **~ quelqu'un** keresni vkit
récif [ʀesif] *m* sziklazátony, szikla, szirt
récit [ʀesi] *m* elbeszélés
réclamations [ʀeklamɑsjɔ̃] *fpl* követelés, óvás, reklamálás
réclamer [ʀeklame] *v* követelni
récolte [ʀekɔlt] *f* termés
récolter [ʀekɔlte] *v* szedni, begyűjteni, szüretelni
recommander [ʀəkɔmɑ̃de] *v* ajánlani
recommencer [ʀəkɔmɑ̃se] *v* megismételni újrakezdeni
reconnaître [ʀəcɔnɛtʀ] *v* ismerni (fel~/be~/meg~), belátni
reconstituer [ʀəkɔ̃stitɥə] *v* helyreállítani, rekonstruálni
record [ʀəkɔʀ] *m* rekord, csúcs

recueillir [ʀəkœjiʀ] *v* szedni (be~), adatokat szerezni
reculer [ʀəkyle] *v* hátrálni, elhalasztani, hátrahúzódni
réduction [ʀedyksjɔ̃] *f* redukció, csökkentés, mérsékelés
réel [ʀeɛl] *a* való, valóságos, reális, dologi
refaire [ʀəfɛʀ] *v* reprodukálni, átdolgozni
réfléchir [ʀefleʃiʀ] *v* elmélkedni, gondolatkodni
réflexe [ʀeflɛks] *m* reflex
reflux [ʀəfly] *m* visszaömlés
refrain [ʀəfʀɛ̃] *m* refrén
réfrigérateur [ʀefʀiʒeʀatœʀ] *m* hűtőszekrény
refroidir [ʀəfʀwadiʀ] *v* lehűteni, hűteni, **se ~** lehülni
refroidissement [ʀefʀwadismɑ̃] *m Méd* meghűlés, hűlés
refuge [ʀəfyʒ] *m* menhely, pihenő, rejtekhely, búvóhely
réfugié [ʀfyje] *m* menekült
refus [ʀəfy] *m* elutasítás, megtagadás
refuser [ʀəfyze] *v* visszautasítani, elutasítani
regard [ʀəgaʀ] *m* tekintet, pillantás, nézés
regarder [ʀəgaʀde] *v* nézni, bámulni
régime [ʀeʒim] *m* életrend, *(alimentaire)* diéta
région [ʀeʒjɔ̃] *f* vidék, környék, terület; *(pays)* országrész; *(monde)* világrész
règle [ʀɛgl] *f* szabály, vonalzó; **~s** menstruáció
régler [ʀegle] *v* igazítani, rendezni, fizetni, beállítani, elintézni
régner [ʀeɲe] *v* uralkodni
regret [ʀəgʀɛ] *m* sajnálat, bánkódás
regretter [ʀəgʀɛte] *v* sajnálni, fájlalni
régulier [ʀegylje] *a* szabályos
rein [ʀɛ̃] *m* vese
reine [ʀɛn] *f* királynő

rejeter [ʀəjte] *v* elutasítani, el˜/kivetni
relation [ʀəlasjɔ̃] *f* viszony, vonatkozás
relever [ʀəlve] *v* (fel˜ / ki˜)emelni, ízesít vmivel
religieux [ʀəlijio] *a* vallási
religion [ʀəlijɔ̃] *f* vallás
remarquable [ʀəmaʀkabl] *a* feltűnő, kiváló
rembourser [ʀɑ̃buʀse] *v* visszafizetni, megtéríteni
remède [ʀəmɛd] *m* ellenszer, orvosság
remembrement [ʀəmɑ̃bʀəmɑ̃] *m* tagosítás
remercier [ʀəmɛʀsje] *v* megköszönni, elbocsátani vkit az állásából
remettre [ʀəmɛtʀ] *v* visszatenni, ˛t˜/be˜)nyújtani, elhalasztani vmit; **se ~ à (travailler)** ismét nekiállni (dolgozni)
remplacer [ʀɑ̃plase] *v* helyettesíteni, kicserélni
remplir [ʀɑ̃pliʀ] *v* tölteni (ki~/be~/tele~); **se ~** megtelni
remuer [ʀəmɥe] *v* felkeverni, bolygatni, összerázni
renard [ʀnaʀ] *m* róka
rencontre [ʀɑ̃kɔ̃tʀ] *f* találkozás, összejövetel, viszonlátás
rencontrer [ʀɑ̃kʀɔ̃tʀe] *v* találkozni
rendez-vous [ʀɑ̃devu] *m* találka, randevú
rendre [ʀɑ̃dʀ] *v* visszaadni; **se ~ compte** rájönni vmire, tisztában lenni vmivel; **se ~ (à)** elmenni vhová
renom [ʀənɔ̃] *m* híresség, hírnév
renseignement [ʀɑ̃sɛɲmɑ̃] *m* felvilágosítás, értesülés, adat
renseigner [ʀɑ̃sɛɲe] *v* tájékoztatni, felvilágosítást nyújtani
rentrée [ʀɑ̃tʀe] *f (école)* islolaév kezdete
rentrer [ʀɑ̃tʀe] *v* (be~/vissza~)térni; **faire ~**

beengedni, behajtani
renverser [ʀɑ̃vɛʀse] *v* feldönteni, felfordítani
renvoyer [ʀɑ̃vwaje] *v* visszaküldeni
réparation [ʀepaʀɑsjɔ̃] *f* javítás, rendbehozás; *(tort)* elégtétel
réparer [ʀepaʀe] *v* javítani (meg~/ki~), kiengesztelni; *(tort)* jóvátenni
repas [ʀəpa] *m* étkezés, evés
repasser [ʀəpase] *v (linge)* kivasalni
répéter [ʀepete] *v (s'exercer)* ismételni
répondre [ʀepɔ̃dʀ] *v* válaszolni, felelni, feleselni
réponse [ʀepɔ̃s] *f* válasz felelet, megoldás (feladaté)
reportage [ʀəpɔʀtaʒ] *m* riport, tudósítás
reporter [ʀəpɔʀtɛʀ] *m* riporter, tudósító
repos [ʀəpo] *m* pihenés, nyugalom
reposer [ʀəpoze] *v* pihenni; **se ~** nyugodni
reprendre [ʀəpʀɑ̃dʀ] *v* visszvenni, újrakezdeni, ismételni
reproche [ʀəpʀɔʃ] *m* szemrehányás
reprocher [ʀəpʀɔʃe] *v* szemére hányni vkinek vmit
reptile [ʀɛptil] *m* hüllő
république [ʀepyblik] *f* köztársaság
répugnant [ʀepyɲɑ̃] *a* undorító, visszataszító, elriasztó
réputation [ʀepytɑsjɔ̃] *f* hírnév, tekintély
requin [ʀəkɛ̃] *m* cápa
réseau [ʀezo] *m* hálózat
réserver [ʀezɛʀve] *v* eltenni, lefoglalni, fenntartani vmit
résidence [ʀezidɑ̃s] *f* lakóhely
résistance [ʀezistɑ̃s] *f* ellenállás, ellenállóképesség, vonakodás
résoudre [ʀezudʀ] *v* megfejteni, feloldani vmit

respect [rɛspɛ] *m* tisztelet
respecter [rɛspɛkte] *v* tiszteletben tartani, kímélni vmit, vkit
respirer [rɛspiʀe] *v* lélegzeni
responsable [rɛspɔ̃sabl] *a* felelős, bizalmi
ressembler [ʀəsɑ̃ble] *v* hasonlítani
restaurant [ʀɛstɔʀɑ̃] *m* vendéglő
reste [ʀɛst] *m* maradék
rester [ʀɛste] *v* maradni, időzni
résultat [ʀezylta] *m* eredmény
retard [ʀətaʀ] *m* késés; **en ~** későn, elkésve
retarder [ʀətaʀde] *v* hátráltatni, késleltetni, lassítani vmit
retenir [ʀətniʀ] *v* visszatartani, lefogni, visszafojtani (lélegzetet)
retour [ʀətuʀ] *m* visszatérés; **de ~** (haza~/vissza~)jövet; **aller-~** oda-visszajövet
retourner [ʀətuʀne] *v* visszatérni, visszafordulni; **se ~** (**vers**) szembefordulni vmivel, vkivel
retraite [ʀətʀɛt] *f* nyugdíj, visszavonultság; **prendre sa ~** nyugdíjba menni
réunion [ʀeynjɔ̃] *f* egyesülés, gyűlés, összejövetel
réunir [ʀeyniʀ] *v* egyesíteni, összetenni, összeállítani, egybefoglalni
réussir [ʀeysiʀ] *v* sikerrel járni, boldogulni
rêve [ʀɛv] *m* álom
réveil [ʀevɛj] *m* ébredés
réveiller [ʀevɛje] *v* felébreszteni, feléledni, **se ~** felébredni
réveillon [ʀevɛjɔ̃] *m* karácsonyesti ünnep
revenir [ʀəvniʀ] *v* visszajönni
revenu [ʀəvny] *m* jövedelem
rêver [ʀɛve] *v* álmodni (**à, de**) ábrándozni

revoir [Rəvwar] *v* viszonlátni; **au ~!** viszonlátásra!
revue [Rəvy] *f (journal)* folyóirat
rez-de-chaussée [Redʃose] *m* földszint
rhumatisme [Rymatism] *m* reuma
rhume [Rym] *m* nátha
ricaner [Rikane] *v* vihogni, röhögni
riche [Riʃ] *a* gazdag, vagyonos
richesse [Riʃɛs] *f* gazdagság, termékenység
ride [Rid] *f* ránc
rideau [Rido] *m* függöny
rien [Rjɛ̃] *pron indéf* semmi
rigueur [Rigœr] *f* szigorúság, pontosság; **à la ~** szigorúan véve, legfeljebb
rincer [Rɛ̃se] *v* öblíteni
rire [RiR] *m* nevetés, kacagás
rire [RiR] *v* nevetni, kacagni
risque [Risk] *m* kockázat
rive [Riv] *f* part
rivière [RivjɛR] *f* folyó
riz [Ri] *m* rizs
robe [Rɔb] *f* ruha
robinet [Rɔbinɛ] *m* csap
robot [Rɔbo] *m* robot
rocade [Rɔkad] *f* sánc, periféria
rocher [Rɔʃe] *m* szikla
roi [Rwa] *m* király
rôle [Rol] *m (acteur)* szerep; **à tour de ~** felváltva
rompre [Rɔ̃pR] *v* félbeszakítani, felbontani, törni (meg~/fel~/el~)
ronce [Rɔ̃s] *f* földi szeder
rond [Rɔ̃] *a & m* kerek, gömbölyű, körpálya
rond-point [Rɔ̃pwɛ̃] *m* körtér, köröndm
ronfler [Rɔ̃fle] *v* horkolni

rose [ʀoz] *f* rózsa
rosée [ʀoze] *f* harmat
rôti [ʀoti] *m* sült, pecsenye
roue [ʀu] *f* kerék
rouge [ʀuʒ] *a* piros, vörös
rouge-gorge [ʀuʒgɔʀʒ] *m* vörösbegy
rougir [ʀuʒiʀ] *v* elpirulni
rouille [ʀuj] *f* rozsda
rouler [ʀule] *v* gurulni, guritani, hengergetni, forgatni
rousseur [ʀusœʀ] *f*; **taches de ~** szeplő
route [ʀut] *f* út; **en ~!** indulás!
royaume [ʀwajom] *m* ország
ruban [ʀybɑ̃] *m* szalag; **~ adhésif** ragasztószalag
rue [ʀy] *f* utca
ruine [ʀɥin] *f* rom, romlás, pusztulás; **tomber en ~s** összeomlani
ruisseau [ʀɥiso] *m* patak
rural [ʀyʀal] *a* falusi
rusé [ʀyze] *a* ravasz, furfangos
russe [ʀys] *m (langue)* orosz
rythme [ʀitm] *m* ritmus, lendület, tempó; **à son ~** az ő ~ához (képest)

s

S

sa [sa] *pron (à lui, (à elle)*, az övé
sable [sɑbl] *m* homok
sabot [sabo] *m* facipő, pata
sac [sak] *m* zsák, táska, burok; **~ de couchage** hálózsák; **~ à dos** hátizsák
sachet [saʃɛ] *m* zacskó

sacré [sakʀe] *a* szent
sage [saʒ] *a* & *m* bölcs, okos
sagesse [saʒɛs] *f* bölcsesség
saigner [seɲe] *v* vérezni, kiuzsorázni
sain [sɛ̃] *a* egészséges
saint [sɛ̃] *a* szent
saisir [seziʀ] *v* megragadni, fogni, felfogni, lefogalni vmit
saison [sɛzɔ̃] *f* évszak, időszak
salade [salad] *f* saláta
salaire [salɛʀ] *m* fizetés, bér
salarié [salaʀje] *m* munkavállaló, alkalmazott
sale [sal] *a* piszkos
salé [sale] *a* sós
saler [sale] *v* sózni (be~ /meg~)
saleté [salte] *f* szenny, piszok
salir [saliʀ] *v* szennyezni; **se ~** beszennyezni
salle [sal] *f* terem; **~ de bains** fürdőszoba, **~ d'attente** városzoba; **~ à manger** ebédlő
salon [salɔ̃] *m* szalon, társalgó
saluer [salɥe] *v* köszönteni, üdvözölni
salut [saly] *m* köszönés, üdv; **~!** szervusz!
samedi [samdi] *m* szombat
sang [sɑ̃] *m* vér
sanglot [sɑ̃glo] *m* zokogás
sangloter [sɑ̃glɔte] *v* zokogni
sans [sɑ̃] nélkül *prép*; **~ doute** valószinüleg, minden bizonnyal; **~ quoi** különben, **sans cesse** szünet nélkül
santé [sɑ̃te] *f* egészség; **en bonne ~** egészséges; **à votre ~!** egészségére!
sapin [sapɛ̃] *m* fenyő
sardine [saʀdin] *f* szardínia, sátorcövek

satellite [satelit] *f* műbolygó
sauce [sos] *f* mártás, lé
saucisse [sosis] *f* virsli
saucisson [sosisɔ̃] *m* kolbász
sauf [sof] *prép* kivéve, azonkívül
saumon [somɔ̃] *m* lazac
saupoudrer [sopudʀe] *v* meghinteni, szórni (sóval, cukorral)
saut [so] *m* ugrás
sauter [sote] *v* ugrani
sauvage [sovaʒ] *a* vad, szilaj, félénk, zord, kietlen
sauver [sove] *v* menteni; **se ~** elmenekülni, megszökni
sauveteur [sovtœʀ] *m* életmentő
savant [savɑ̃] *a* tudós, bölcs
savoir [savwaʀ] *v* tudni
savon [savɔ̃] *m* szappan
scène [sɛn] *f* szín(tér), jelenet, színpad
scie [si] *f* fűrész
science [sjɑ̃s] *f* tudomány, tudás, bölcsesség
scientifique [sjɑ̃tifik] *a* tudományos
scolaire [skɔlɛʀ] *a* **vacances ~s** iskolaszünet
scrutin [skʀytɛ̃] *m* szavazás
sculpter [skylte] *v* faragni, formálni (szobrot)
se [sə] *prn* maga, magát, magának, egymást, egymásnak
seau [so] *m* vödör
sec [sɛk], **sèche** [sɛʃ] *a* száraz
sécher [seʃe] *v* száradni, szikkadni, aszalódni, elbliccelni
second [səgɔ̃] *a* második
secondaire [səgɔ̃dɛʀ] *a* másodlagos; *(école)* középiskola

seconde [səgɔ̃d] *f* második
secouer [səkwe] *v* rázni (fel~/le~/össze~)
secourir [səkuʀiʀ] *v* segíteni vkinek
secouriste [səkuʀist] *m* segélynyújtó, (első~)
secours [səkuʀ] *m* segítség, segéderő, segély; **au ~!** segítség!
secret [səkʀɛ] *m* titok; **en ~** titokban, alattomban
secrétaire [səkʀetɛʀ] *m* titkár, (~nő)
section [sɛksjɔ̃] *f* részleg, metszés, szakasz, szak
sécurité [sekyʀite] *f (service / mesure)* biztonság
séduire [sedɥiʀ] *v* elcsábítani vkit, megigézni
seigle [sɛgl] *m* rozs
seigneur [sɛɲœʀ] *m* nagyúr
sein [sɛ̃] *m* emlő, mell
seize [sɛz] *num* tizenhat
sel [sɛl] *m* só
selon [səlɔ̃] *prp* szerint (vmi, vki ~)
semaine [səmɛn] *f* hét; **en ~** hétköznap
semblable [sɑ̃blabl] *a* hasonló vmihez
semblant [sɑ̃blɑ̃] *m* látszat; **faire ~** szimulálni
semelle [səmɛl] *f* cipőtalp, talp
semer [səme] *v* vetni, szórni
sens [sɑ̃s] *m* érzék (szerv), elme, értelmezés
sensible [sɑ̃sibl] *a* érzékeny, érzelmes, érző
sentier [sɑ̃tje] *m* ösvény, dűlőút
sentiment [sɑ̃timɑ̃] *m* érzés, érzelem
sentir [sɑ̃tiʀ] *v* érezni, szagolni; **se ~ (bien, mal...)** jól ~ /rosszúl érezni (magát)
sept [sɛt] *num* hét
septembre [sɛptɑ̃bʀ] *m* szeptember
série [seʀi] *f* sorozat, széria
sérieux [seʀjø] *a* komoly
serpent [sɛʀpɑ̃] *m* kígyó

serrer [sɛʀe] *v* szorítani, össze(húzni/ ~szorítani); **~ la main à** kezet fogni vkivel
serrure [sɛʀyʀ] *f* zár
serveur [sɛʀvœʀ] *m* pincér
service [sɛʀvis] *m* szolgáltatás, ellátás
serviette [sɛʀvjɛt] *f* szalvéta, törülköző, irattáska
servir [sɛʀviʀ] *v* szolgálni (ki~/fel~), szolgáltatni, osztani; **se ~ (de)** kiszolgálja magát; **ça ne sert à rien** semmi értemle sincs
ses [sɛ] *poss (à lui), (à elle)* övé (*az ~ + pl*)
seul [sœl] *a* egyedül(i); **moi-~** egyedül én; **la ~e fois** egyetlen egyszer; **une ~e fois** egyetlen egyszer
sexe [sɛks] *m* nem, szeméremtest
si [si] *adv* ha; **comme ~** mintha
si [si] *conj* ha, *adv* hogy, annyira
siècle [sjɛkl] *m* évszázad
siège [sjɛʒ] *m* ülés, szék(hely)
sien [sjɛ̃] *pron* övé; **le ~**; **la ~ne** az övé; **les ~s** övék
siffler [sifle] *v* fütyülni, sisteregni, hörpinteni, suhogni, süvíteni
signal [siɲal] *m* jelzés
signature [siɲatyʀ] *f* aláírás
signe [siɲ] *m* jel (irás~/elő~), jelleg
signer [siɲe] *v* aláírni
signifier [siɲifje] *v* jelenteni vmit
silence [silɑ̃s] *m* csend
simple [sɛ̃pl] *a* egyszerű
singe [sɛ̃ʒ] *m* majom
sinon [sinɔ̃] *adv* különben nem
site [sit] *m* lelőhely, tájék
situer [sitɥe] *v* helyezni (el~), jellemezni
six [sis] *num* hat
ski [ski] *m* sí, (~talp)

slip [slip] *m* alsónadrág
social [sɔsjal] *a* szociális, jóléti, társadalmi
société [sɔsjete] *f* társadalom, vállalat, társulat, egyesület, társaság
sœur [sœʀ] *f* leánytestvér
soi [swa] *pron* önmaga
soif [swaf] *f* szomjúság
soigner [swaɲe] *v* gondozni, gyógykezelni
soir [swaʀ] *m* est, este; **ce ~** ma este; **hier ~** tegnap este; **10 heures du ~** este tízkor
soirée ˛lą [swaʀe] *f* estély, (az) este
soixante [swasɑ̃t] *num* hatvan; **~-dix** hetven
sol [sɔl] *m* talaj, földszin
soldat [sɔlda] *m* katona
soleil [sɔlɛj] *m* nap
solide [sɔlid] *a* szolid, erős, strapabiró, alapos
solitaire [sɔlitɛʀ] *a* magányos, egyedülálló, társtalan
sombre [sɔ̃bʀ] *a* homályos, komor, sötét
sommeil [sɔmɛj] *m* alvás; **avoir ~** álmosnak lenni
son [sɔ̃] *m (bruit)* hang
son [sɔ̃] *pron (à lui), (à elle)* övé, ő (az övé)
sonner [sɔne] *v* csengetni, csendülni, csörögni
sorcier [sɔʀsje] *m* varázsló
sorte [sɔʀt] *f* sors
sortir [sɔʀtiʀ] *v* kijönni, előjönni
sot [so] *a* ostoba
sottise [sɔtiz] *f* ostobaság, balgaság, butaság
sou [su] *m* garas
souci [susi] *m* gond, aggodalom
soucier (se) [susje] *v* töprengeni vmin, törődik vmivel
soudain [sudɛ̃] *a* hirtelen
souffle [sufl] *m* lélegzés, lehelet, szél

souffrir [sufʀiʀ] *v* szenvedni
souhaiter [swete] *v* kívánni
soûl [su] *a* részeg, ittas
soulager [sulaʒe] *v* enyhíteni, könnyíteni
soupe [sup] *f* leves
source [souʀs] *f* forrás
sourcil [suʀsi] *m* szemöldök
sourd [suʀ] *a* süket
sourire [suʀiʀ] *m* mosoly
sourire [suʀiʀ] *v* mosolyogni
souris [suʀi] *f* egér
sous [su] *prép* alatt, alá; ~ **peu** rövidesen, hamarosan, nemsokára
sous-vêtement [suvɛtmɑ̃] *m* alsóruha
soutenir [sutniʀ] *v* állítani, fenntartani
soutien-gorge [sutjɛ̃gɔʀʒ] *m* melltartó
souvenir (se) [suvniʀ] *m* emlék
souvent [suvɑ̃] *adv* gyakran, sokszor; **le plus** ~ legtöbbször
spécial [spesjal] *a* különleges, sajátságos
spécialiste [spesjalist] *m* szakember
spectacle [spɛktakl] *m* látvány, előadás
spectateur [spɛktatœʀ] *m* néző, szemlélő
sport [spɔʀ] *m* sport
sportif [spɔʀtif] *a* sportos
stable [stabl] *a* tartós, rögzített
stade [stad] *m* sportpálya, fokozat
stage [staʒ] *m* tanfolyam, gyakorlat (iskolai, üzemi)
statue [staty] *f* szobor
strict [stʀikt] *a* szigorú, szoros értelemben vett; **le** ~ **nécessaire** az elkerülhetetlenül szükséges
stylo [stilo] *m* toll, töltőtoll, golyóstoll
subir [sybiʀ] *v* elszenvedni vmit

succès [syksɛ] *m* siker
sucette [sysɛt] *f* nyalóka
sucre [sykʀ] *m* cukor
sucré [sykʀe] *a* cukros, édes
sud [syd] *m* dél
sud-est [sydɛst] *m* délkelet
sud-ouest [sydwɛst] *m* délnyugat
suer [sɥe] *v* izzadni
sueur [sɥœʀ] *f* izzadság, verejték
suicide [sɥisid] *m* öngyilkos
Suisse [sɥis] *f* Svájc
suite [sɥit] *f* folytatás; **tout de ~** rögtön, azonnal
suivre [sɥivʀ] *v* követni; **à ~** folytatása következik
sujet [syʒɛ] *m* téma, alany, egyén
supprimer [sypʀime] *v* eltávolítani
sûr [syʀ] *a* *biztos*, megbízható; **bien ~!** természetesen!
sur [syʀ] *prép* -on, -en, -ön
sûrement [syʀmɑ̃] *adv* bizonyára, biztosan
sûreté [syʀte] *f (situation)* biztonság
surface [syʀfas] *f* felszín, felület
surprise [syʀpʀiz] *f* meglepetés
surtout [syʀtu] *adv* különösen, leginkább, főleg
surveiller [syʀvɛje] *v* őrizni, ellenőrizni figyelni vmit, ügyelni vmire
survenir [syʀvəniʀ] *v* bekövetkezni, megtörténni
syndicat [sɛ̃dika] *m* szakszervezet
système [sistɛm] *m* rendszer, berendezés

T

ta [ta] *pron/poss* tied
tabac [taba] *m* dohány
table [tabl] *f*; **se mettre à ~** asztalhoz ülni; **être à ~** asztalnál ülni; **mettre la ~** megteríteni
tableau [tablo] *m* táblázat, rajz, kép, festmény, műszerlap
tache [taʃ] *f* folt
taille [taj] *f (grandeur)* termet, testmagasság
taire (se ~) [tɛʀ] *v* elhallgatni vmit; **tais-toi!** hallgass!
talon [talɔ̃] *m* sarok (cipő~)
talus [taly] *m* árokpart, töltés
tambour [tɑ̃buʀ] *m f* henger, dob
tandis que [tɑ̃dik(ə)] *conj* miközben, míg, mialatt..
tant [tɑ̃] *adv* ennyi, annyi, olyan; **~ mieux** annál jobb, szerencsére!; **~ pis** sebaj; **~ que** ameddig
tante [tɑ̃t] *f* nagynéni
tapage [tapaʒ] *m* lárma, hangoskodás, ricsaj
tapis [tapi] *m* szőnyeg
tard [taʀ] *adv* késő
tarte [taʀt] *f* lepény, torta
tas [tɑ] *m* halom
tasse [tas] *f* csésze
taupe [top] *f* vakond
taureau [tɔʀo] *m* bika
taux [to] *m* mérték, fok, kulcs
taverne [tavɛʀn] *f* pince, kocsma
taxe [taks] *f* **~ à la valeur ajoutée (TVA)** adóilleték
taxi [taksi] *m* taxi
te [tə] *prn* téged(et), neked, számodra, magad(at),

magad(nak)
technicien [tɛknisjɛ̃] *m* technikus
technique [tɛknik] *a* műszaki, technikai
tel [tɛl] *a* olyan, amelyik, némelyik; ~ **ou** ~ **jour** bizonyos napon
télécommande [telekɔmɑ̃d] *f* távirányító (készülék)
téléphone [telefɔn] *m* telefon; **coup de** ~ telefonhívás
téléphoner [telefɔne] *v* telefonálni
télévision [televizjɔ̃] *f* televízió, **téléviseur** [televizœʀ] *m* televízió (készülék)
tellement [tɛlmɑ̃] *adv* olyan, annyira
témoin [temwɛ̃] *m* tanú
température [tɑ̃peʀatyʀ] *f* hőmérséklet; *(fièvre)* láz
tempête [tɑ̃mpɛt] *f* vihar
temple [tɑ̃pl] *m* templom
temps [tɑ̃] *m* idő; **à** ~ idejében, jókor; **il est** ~ ideje. (tenni vmit); **on a le** ~**!** van még időnk!
tendre [tɑ̃dʀ] *a* puha, gyengéd, lágy
tendresse [tɑ̃dʀɛs] *f* gyengédség
ténèbres [tenɛbʀ] *fpl* homály, sötétség
tenir [tənin] *v* tartani vmit; **se** ~ **(debout)** állva maradni; **tiens!** nesze!, **tenez!** fogja!
tennis [tɛnis] *m* tenisz
tente [tɑ̃t] *f* sátor
tenue [təny] *f* öltözködés, magatartás, ruha
terme [tɛʀm] *m* kifejezés, határidő
terminer [tɛʀmine] *v* **se** ~ befejezni
terrain [tɛʀɛ̃] *m* földterület, telek, térség, pálya, talaj; ~ **de camping** camping
terre [tɛʀ] *f* föld, talaj
terrible [tɛʀibl] *a* rettenetes, rémes
terroriste [tɛʀɔʀist] *m* merénylő, terrorista

tes [tɛ] *pron* **à ~/dans ~** a (te) -id; -idban, -odban
tête [tɛt] *f* fej, fő
téter [tete] *v* szopni, cumizni
texte [tɛkst] *m* szöveg
thé [te] *m* tea
théâtre [teɑtʀ] *m* színház; *(lieu)* színtér
thon [tɔ̃] *m* tonhal
thorax [tɔʀaks] *m* tor, mellkas
ticket [tikɛ] *m* jegy
tiède [tjɛd] *a* langyos, enyhe, lanyha
tien [tjɛ̃] *pron* tied, tiéd; **les ~s** tieid
tiers [tjɛʀ] *m* harmad, harmadik, kívülálló személy; **le ~ Monde** a kirekesztett (harmadik) világ
tige [tiʒ] *f* szár, rúd, szál
tigre [tigʀ] *m* tigris
tilleul [tijœl] *m* hársfa
tir [tɪʀ] *m* lövés
tire-bouchon [tiʀbuʃɔ̃] *m* dugóhúzó
tirer [tiʀe] *v*; *(vers soi)* húzni
tiroir [tiʀJaʀ] *m* fiók
tissu [tisu] *m* szövet
titre [titʀ] *m* cím, okirat
toi [twa] *pron* te; **à ~** neked, te vagy a soros
toile [twal] *f* vászon, szőttes; **~ d'araignée** pókháló
toilettes [twalɛt] *pl (WC)* illemhely
toit [twa] *m* tető, háztető
tomate [tɔmat] *f* paradicsom
tombe [tɔ̃b] *f* sír, sírhely
tomber [tɔ̃be] *v* esni (el~/le~), ledőlni, elbukni, zuhanni; *(pluie, neige)*; *(nuit)*; **ça tombe bien!** ez jókor jön!
ton [tɔ̃] *pron/poss* tiéd, tied
tonne [tɔn] *f* tonna

tonnerre [tɔnɛʀ] *m* dübörgés; **coup de ~** mennydörgés
tonton [tɔ̃tɔ̃] *m* nagybácsi (tréfás)
torchon [tɔʀʃɔ̃] *m* rongy (mosogató~)
tordre [tɔʀdʀ] *v* elhajlítani, elcsavarni, sodorni, teker; *(linge)* kicsavar
tort [tɔʀ] *m* vétek, sérelem, kár; **à ~** igazságtalanul, ok nélkül
tortue [tɔʀty] *f* teknősbéka
tôt [to] *adv* korán
toucher [tuʃe] *v* érinteni, tapintani
toujours [tuʒuʀ] *adv* mindig
tour [tuʀ] *f* torony
tour [tuʀ] *m* fordulat, cselfogás
tourisme [tuʀism] *m* idegenforgalom
touriste [tuʀist] *m* turista
tournée [tuʀne] *f* turné
tourner [tuʀne] *v* forogni, fordítani, (ki~)beforditani
tournevis [tuʀnəvis] *m* csavarhúzó
Toussaint [tusɛ̃] *f* Mindenszentek
tousser [tuse] *v* köhögni
tout [tu], **toute** [tut], **tous** [tu] [tus], **toutes** [tut] minden, egész, teljes; **tous les jours** minden nap; **toutes les nuits** minden éjjel; **toutes les trois heures** három óránként; **tous les deux** mindketten; **~ à coup** hírtelen; **~ à l'heure** hamarosan; **~ de suite** rögtön
toutefois [tutfwa] *adv* azonban, mégis
toux [tu] *f* köhögés
trace [tʀas] *f* nyom, vonal
tracteur [tʀaktœʀ] *m* traktor
tradition [tʀadisjɔ̃] *f* hagyomány, szokás, tradíció
traditionnel [tʀadisjɔnɛl] *a* hagyományos,

tradicionális

traduction [tʀadyksjɔ̃] *f* fordítás, műfordítás

traduire [tʀadɥiʀ] *v* fordítani, átültetni

trahir [tʀaiʀ] *v* elárulni vkit

tranche [tʀɑ̃ʃ] *f* szelet

tranquille [tʀɑ̃kil] *a* nyugodt, békés

transpirer [tʀɑ̃spiʀe] *v* izzadni

transporter [tʀɑ̃spɔʀte] *v* szállítani, vinni, hordani, (el~)

travail [tʀavaj] *m* munka

travailler [tʀavaje] *v* dolgozni

travailleur [tʀavajœʀ] *m* dolgozó, munkás

travaux [tʀavo] *mpl* munkálatok

travers [tʀavɛʀ] *m* görbeség, ferdeség, fonákság, **à ~** keresztbe, **de ~** ferde, haránt, **en ~ (de)** vmin keresztül

traverser [tʀavɛʀse] *v* át~ , keresztül~ (~vonulni, ~menni, ~kelni, ~szelni, ~hatolni)

trèfle [tʀɛfl] *m* lóhere; *(cartes)* treff

treize [tʀɛz] *num* tizenhárom

tremblement [tʀɑ̃bləmɑ̃] *m* rengés, reszketés, didergés; **~ de terre** földrengés

trembler [tʀɑ̃ble] *v* reszketni, remegni, rezegni

trente [tʀɑ̃t] *num* harminc

très [tʀɛ] *adv* nagyon, igencsak

trésor [tʀezɔʀ] *m* kincs(tár)

tri [tʀi] *m* válogatás (ki~ /szét~)

triangle [tʀiɑ̃gl] *m* háromszög

tribord [tʀibɔʀ] *m* jobboldal

tribunal [tʀibynal] *m* törvényszék, biróság

tricher [tʀiʃe] *v* csalni

tricherie [tʀiʃʀi] *f* csalás

tricot [tʀiko] *m (un ~)* trikó, kötés

trimestre [tʀimɛstʀ] *m* negyedév
triste [tʀist] *a* szomorú, bús
trois [tʀwa] *num* három
tromper [tʀɔ̃pe] *v* megcsalni vkit, csalni; **se ~** tévedni
tronc [tʀɔ̃] *m (arbre- corps)* törzs, persely
trop [tʀo] *adv* túl, túlságosan
trou [tʀu] *m* lyuk, lék, hézag, hiány
troupeau [tʀupo] *m* nyáj, csorda
trousse [tʀus] *f* tok, felszerelés
trouvaille [tʀuvaj] *f* lelet
trouver [tʀuve] *v* találni, meglelni, előkeríteni
truie [tʀɥi] *f* emse, koca
truite [tʀɥit] *f* pisztráng
tu [ty] *pron* te
tube [tyb] *m* cső, tubus
tuer [tɥe] *v* ölni (meg~/le~); **se ~** *(accident)* (balesetben) meghalni , *(suicide)* öngyilkosnak lenni
tueur [tɥœʀ] *m* gyilkos
tuyau [tɥijo] *m* cső (hajlékony)

U

un [œ̃], **une** [yn] *art*; egy *(num, pronom)*; **l'~ et l'autre** ez és az; **l'~e ou l'autre** ez vagy az; **~ par ~** egyenként
unième [ynjɛm] *num* sokadik
union [ynjɔ̃] *f* társulás, szövetség
unité [ynite] *f* egység, csapat
univers [ynivɛʀ] *m* világmindenség, világegyetem
université [ynivɛʀsite] *f* egyetem

urbain [yʀbɛ̃] *a* városi
urgent [yʀʒɑ̃] *a* sürgős, halaszthatatlan, sietős; **il est ~ (de)**
urine [yʀin] *f* vizelet
uriner [yʀine] *v* vizelni, pisilni
usage [yzaʒ] *m* használat
usager [yzaʒe] *f* használó (vmit ~ egyén), utas
user [yze] *v* elhasználni, elkoptatni; **s'~** felörlődni
usine [yzin] *f* gyár, ipartelep
utile [ytil] *a* hasznos

V

vacances [vakɑ̃s] *pl* vakáció szünidő, nyaralás
vache [vaʃ] *f* tehén
vagin [vaʒɛ̃] *m* méhhüvely
vague [vag] *f* hullám, bizonytalan, határozatlan
vaincre [vɛ̃kʀ] *v* győzni
vaisseau [vɛso] *m* csőedény, hajó; *(sang)* ér
vaisselle [vɛsɛl] *f* edény; **laver la ~** elmosogatni
valeur [valœʀ] *f* érték
valise [valiz] *f* bőrönd, koffer
vallée [vale] *f* völgy
valoir [valwaʀ] *v* érni vmit, felérni vmivel, méltónak lenni vmire
vanille [vanij] *f* vanília
vanter [vɑ̃te] *v* dicsekedni, dicsérni; **se ~** hencegni
vapeur [vapœʀ] *f* gőz, pára
varié [vaʀje] *a* változatos, sokoldalú
veau [vo] *m* borjú
veille [vɛj] *f* virrasztás, ébrenlét
veillée [vɛje] *f* esti (közös) tevékenység, őrködés

veine [vɛn] *f* véna, ér, jószerencse
vélo [velo] *m* kerékpár
vendeur [vɑ̃dœʀ] *m* eladó, elárusító, árus
vendre [vɑ̃dʀ] *v* eladni vmit árusítani
vendredi [vɑ̃dʀədi] *m* péntek
venir [vəniʀ] *v* jönni (be~/el~); **~ (de faire)** hívni, hozatni
vent [vɑ̃] *m* szél
vente [vɑ̃t] *f* eladás, értékesítés, árusítás
ventre [vɑ̃tʀ] *m* has, gyomor
ver [vɛʀ] *m* kukac, féreg; **~ de terre** giliszta
vérifier [veʀifje] *v* ellenőrizni, felülvizsgálni vmit
vérité [veʀite] *f* igazság
verre [vɛʀ] *m (matière)* üveg; *(à boire)* pohár
vers [vɛʀ] *prép* felé; *(temps)* körül
vert [vɛʀ] *a* zöld, éretlen
veste [vɛst] *f* kabát, mellény
veston [vɛstɔ̃] *m* zakó
vêtement [vɛtmɑ̃] *m* ruha
vétérinaire [veteʀinɛʀ] *m* állatorvos
veuf [vœf] *a & m* özvegy
vexer [vɛkse] *v* megsérteni, bántani (meg~); **se ~** megsértődni
viande [vjɑ̃d] *f* hús
victoire [viktwaʀ] *f* győzelem
vide [vid] *a* űr, vákuum, üres
vidéo [video] *m* videó
vider [vide] *v* üríteni (ki~)
vie [vi] *f* élet
vieillesse [vjɛjɛs] *f* öregség, vénség
vieillir [vjɛjiʀ] *v* megöregedni, megvénülni, megérni, elkopni
vierge [vjɛʀʒ] *f* érintetlen, szűz

vieux [vjø] *a m*, **vieille** [vjɛj] *f* öreg, vén
vilain [vilɛ̃] *a* csúf
village [vilaʒ] *m* falu
ville [vil] *f* város; **en ~** városban; **aller en ~** városba menni
vin [vɛ̃] *m* bor
vinaigre [vinɛgʀ] *m* ecet
vingt [vɛ̃] *num* húsz; **~-cinq** huszonöt
violence [vjɔlɑ̃s] *f* erőszak, kényszer
violent [vjɔlɑ̃] *a* erőszakos
violer [vjɔle] *v* megsérteni, megszegni, áthágni, (meg)erőszakolni
violon [vjɔlɔ̃] *m* hegedű
vipère [vipɛʀ] *f* vipera
vis [vis] *f* csavar
visage [vizaʒ] *m* arc
visite [vizit] *f* látogatás, szemle, *(médecin)* vizsgálat
vite [vit] *adv* gyorsan, hamar
vitesse [vitɛs] *f* sebesség, gyorsaság
vitre [vitʀ] *f* ablaküveg, üveglap
vivant [vivɑ̃] *a* élő, eleven
vivre [vivʀ] *v* élni
vivres [vivʀ] *mpl* élelem
vœu [vø] *m* fogadalom
voici [vwasi] *prp & adv* íme itt van
voie [vwa] *f* út, sín, csatorna; **~ express** gyorspálya; **~ ferrée** vasút
voilà [vwala] *prp & adv* íme (ott van)
voile [vwal] *f* vitorla, fátyol; **bateau à ~** vitorlás; **faire de la voile** vitorlázni
voilier [vwalje] *m* vitorláshajó
voir [vwaʀ] *v* látni, megismerni vmit
voisin [vwazɛ̃] *m* szomszéd

voiture [vwatyʀ] *f* kocsi, autó
voix [vwa] *f* hang; **à haute ~** hangosan; **à ~ basse** halkan
vol [vɔl] *m (airs)* repülés
vol [vɔl] *m (dérober)* lopás
volant [vɔlɑ̃] *m* kormány
volcan [vɔlkɑ̃] *m* tűzhányó, vulkán
voler [vɔle] *v (airs)* repülni, szállni
voler [vɔle] *v (dérober)* lopni, elcsenni
volet [vɔlɛ] *m* redőny, zsalu
voleur [vɔlœʀ] *a & m* tolvaj, betörő, rabló
volonté [vɔlɔ̃te] *f* akarat
volontiers [vɔlɔ̃tje] *adv* szívesen
vomir [vɔmiʀ] *v* hányni
vote [vɔt] *m* szavazás, szavazat
voter [vɔte] *v* szavazni
votre [vɔtʀ] *pron* a (ti) -tok,-tek, -tök
vôtre [votʀ] *pron*; **le/la ~**; **les ~s** a tietek, a tieitek
vouloir [vulwaʀ] *v* akarni; **je veux (faire)** akarom csinálni; **je voudrais être** szeretnék vmi/vki lenni; **cela veut dire** ez azt jelenti; **en ~** vágyni vmiro
vous [vu] *pron* ti, ön
voyage [vwajaʒ] *m* utazás
voyager [vwajaʒe] *v* utazni
voyageur [vwajazœʀ] *m* utazó
vrai [vʀɛ] *a* való(di), igaz(i)
vue [vy] *f* nézet, megtekintés, megfigyelés

WXYZ

w.c. [vese] *m* vécé
week-end [wikɛnd] *m* hétvége

y [i] *adv* itt, ott ide, oda, abba, ebbe, benne, bele,arra, rajta, rá; **il y a** van, **qu'y a-t-il?** mi van?; **il y a deux ans** két éve
yaourt [jauʀ(t)] *m* yoghurt
yeux [jø] *mpl* szem

zéro [zeʀo] *m* nulla, semmi
zone [zon] *f* sáv, tartomány, övezet, térség
zut! [zyt] *int* ejnye!

Yoran's bilingual dictionaries

Liligast series (mini dictionaries)

- Alsatian-French
- Alsatian-German
- Breton-Dutch
- Breton-English
- Breton-French
- Breton-German
- Breton-Italian
- Breton-Spanish
- Breton-Portuguese
- Breton-Welsh
- Cornish-English
- Corsican-French
- Corsican-Italian
- Ladin-German
- Ladin-Italian
- Occitan-French
- Romansh-English
- Romansh-French
- Romansh-German
- Romansh-Italian
- Savoyard-French

Pouloupig series (pocket dictionaries)

- Breton-French
- Corsican-English
- Corsican-French
- Croatian-French
- Finnish-French
- Hungarian-French
- Lithuanian-French
- Roumanian-French

Site sur les minorités européennes
http://www.eurominority.eu/

Printed in Brittany by

Keltia Graphic

F-29540 Speied (Kernev)

—

DL : July 2006